人生は、もっと、自分で決めていい

薄井シンシア

日経BP

はじめに　～人生は、もっと、自分で決めていい～

こんにちは。薄井シンシアと申します。

現在、62歳。一人暮らし。外資系ホテルの日本法人社長をしています。

詳しくは後述しますが、ざっくり私の経歴をお伝えすると、私は出産を機に30歳で専業主婦となり、娘の大学進学まで17年間、家事・育児に専念、**47歳のときに夫の駐在先のタイで娘の母校の「食堂のおばちゃん」として社会復帰しました。**

52歳で日本へ帰国して就職活動するも門前払いを受け続け、ようやく見つけた時給1300円の電話受付の仕事から日本でのキャリアがスタート。みんなの嫌がる仕事を率先して引き受けるうちに仕事ぶりが認められ、**ANAインターコンチネンタルホテル東京から声がかかり転職、入社3年で営業開発担当副支配人**

になりました。

その後、東京２０２０オリンピック・パラリンピックのスポンサーである日本コカ・コーラへオリンピック・パラリンピックのホスピタリティシニアマネジャーとして迎え入れられましたが、**新型コロナウイルスの流行によるオリンピック・パラリンピックの延期で失業**してしまいます。

ホテル・観光業界へ戻ろうとしたのですが、コロナ禍でそれもかなわず。**自分にできる仕事探しを始めようとスーパーのレジ係のアルバイト**をしました。そして、転職エージェントからの紹介で、２０２１年春、マカオに本社がある外資系ホテルLOF Hotel Managementの日本法人社長に就任しました。

こうやって書き並べると、なんだか自分でも笑ってしまうような人生後半の怒《ど》涛《とう》の展開。そのせいでしょうか。**「どうして短期間にこんなキャリアをつかむこ**

とができたのですか」と問われることが増えてきました。

この問いには、私なりの明確な答えがあります。それは、**考え抜いて決断し実行する、その積み重ねの結果**であるということ。そして、**この積み重ねこそが、自分の人生を自分で動かすための、ただ一つの方法ではないかと思うのです。**

●一つひとつ考えて決める、それだけでいい

ラッキーにも向こうから転がり込んできたように見えるいい話にも、そこに至る前に、考え抜いたプロセスと行動があります。それがあってのラッキーだったと思うのです。

一方で、失敗もあれば判断ミスもある。でも、問題が生じた時点でリカバリーの方法を考え実行すれば、軌道修正は可能だし、そこでの経験は次への学びとな

り、判断の精度を高めることにつながります。

つまり、**自分の人生は、自分で考え、決め抜くことで動かせる。**

だから、もっと、自分で決めていい。

私はズバズバと思ったことを口にする性格のため、どうも迷いのない自信家に見えてしまうことが多々あります。「きつい」とか「強い」とか、「やっていることがハード過ぎる」とか。でも、実はそうじゃない。

迷って迷って、うつ状態になってしまったこともあるし、自信のなさから、せっかくもらった転職の話を再三断ってしまったこともあります。この本の中では、そんな私の迷いや揺れもしっかりお伝えしていこうと思っています。

私は、大きな夢やビジョンを描いて自分を鼓舞することがもともと、得意では

ありません。ましてや本格的なキャリアのスタートは50代。いわゆる「夢見る頃」はもうとっくに過ぎています。生きていれば、思い通りにならないことがほとんどです。でも、だからといって、納得がいかずにずっとモヤモヤする、決められずに悩み続けてしまう、というのは、もったいない。人生の時間は有限だから。

後悔したくないから、目の前のことに集中して取り組み、一つひとつ確実に成果をあげていくことでしか、自分の価値を確認することができなかった、これが私なのです。

それはとても細かく、ともすればハードに見えるかもしれない。でも裏を返せば、やっていることは実は簡単で、一つひとつは小さなアクションの積み重ねにすぎません。

ただ、こうしたアクションを積み重ねることで、**どんな状況になっても、過去**

の幸せにとらわれることなく、焦りや不満に引きずられることなく、一つひとつの決断に後悔することなく、自分らしくあり続けることができました。

もしも今、あなたが何かにモヤモヤしていたり、子育てや家事、仕事に追われて余裕がなかったり、決め切れず悩んだりしているとしたら、この本に書かれた小さなアクションの一つか二つをとりあえずやってみてもらいたいのです。それはきっと、次の思考とアクションを呼び込みます。積み重ねていけば、モヤモヤはすっきりする。そして、自分の人生の手綱は自分が握っているんだということに気づけると思うのです。

私が**この本を通して伝えたいことは、自分の価値観は早く定めたほうがいいということ。**

そして、**「決め抜く力」があれば、年齢も状況も関係なく「納得のいく自分」**

でいられます。私自身、そうでしたから。もし、今の自分や今までの自分に納得がいっていなくても、これから変えられることはたくさんあります。

次のページから、私が何を考えどう動いてきたか、具体的にお伝えしていきたいと思います。

もちろん、**私は私、あなたはあなたです。これから語る薄井シンシアは、マニュアルではありません。ただの参考書**です。読者の皆さんが、自分に合わせてカスタマイズできるヒントを見つけてくだされば、幸いです。

薄井シンシアのキャリア年表

20歳	国費留学生として、フィリピンから日本へ留学
21歳	東京外国語大学を卒業
25歳	日本にあるフィリピンの国営貿易会社に就職（2年勤務）
27歳	日本人と結婚し、夫の海外駐在に帯同して2年間リベリアへ
29歳	帰国して、広告会社に事務職で入社
30歳	長女を出産し、専業主婦に
32歳～47歳	夫の海外駐在に帯同し、ラゴス、ニューヨーク、ウィーン、バンコクで約3年おきに引っ越し、子育てをする
48歳	娘の大学進学を機に、バンコクの娘の母校のカフェテリアで働き始める(月給約9万円)。3カ月後には、3つのカフェテリアのマネジメント職として、デザイン、プロデュースも手掛ける（月給約27万円)。2年で年間1億円ビジネスに成長させ、年俸は1000万円に
51歳	夫のいるアメリカへ移る
52歳	夫が先に帰国し、その後、娘と一緒に帰国
	履歴書を送っても門前払い。TACのウェブサイトをチェックして応募した東京アメリカンクラブで時給1300円の宴会アシスタントの仕事を始める。電話受付から始め、営業を経験。宴会チームの年間予算の40%を一人で達成
53歳	バンコクでの知り合いに声をかけてもらい、ANAインターコンチネンタルホテル東京に宿泊セールスマネジャーとして転職（契約社員)。翌年に宿泊シニアセールスマネジャー、3年後に営業開発担当副支配人に昇進。初の著書『専業主婦が就職するまでにやっておくべき8つのこと』を出版
58歳	エージェントの紹介で、シャングリ・ラ 東京に転職。人生初の正社員になる。 プライベートでは、円満離婚
59歳	日本コカ・コーラに、東京2020オリンピック・パラリンピックホスピタリティシニアマネジャーとして転職（有期の正社員） 著書がドラマ化『主婦カツ!』（NHK／鈴木保奈美主演）
61歳	コロナ禍でオリンピックが延期に。仕事がなくなり、うつ状態に。将来への不安から、副業でスーパーでレジ係のバイトを始め、日本コカ・コーラを退職
62歳	エージェントの紹介で、LOF Hotel Managementの日本法人社長に就任。コロナ下でのホテルオープンに奔走

はじめに　〜人生は、もっと、自分で決めていい〜　2
薄井シンシアのキャリア年表　9

第1章
私には「限界」がある　15

ワークライフバランスなんてもういらない　16
仕事が好きな私がなぜ、専業主婦を選んだのか　20
子どもが生まれて「限界」が見えた　24
あなたが変えられるもの　変えられないもの　27
時間、年齢、家族、お金、人…何が変えられる？　30
ムダな時間は「計画的に」ムダにする　37
余裕がないときは、決めたことだけすればいい　42
コロナで居場所を失い、うつ状態の私を救った仕事　45

第2章

自分の強みは「価値観」で決まる 49

「62歳、シングル」は強みか？弱みか？ 50
思考の癖や優先順位から自分の価値観を考える 54
子どもより仕事優先　納得していればそれでいい 57
コロナ禍を経て友達の優先順位が上がった 59
自分の生活レベルは収入に見合っているのか 65
「強み」より「弱み」を知るほうが効率がいい 68
ライフステージの変化で「弱み」は増える 71
過去は振り返るけど、過去には振り回されない 74
「経験」を荷物にするか、土台にするか 76
「好きを仕事に」は正解？　好きなことがなくてもいい 81
「弱み」から「強み」はつくれる 86
読者実践！「私の決断」1 88

第3章

選んで、捨てて、決めるまで

選んで、捨てて、決めるまで　91
選択肢は持っているだけでは「ただのゴミ」　92
あなたは、その選択肢をどうやって捨てる?　96
納得の決断をする土台づくりは情報収集　99
情報収集はConnecting the Dots　106
迷ったら、書いて、冷蔵庫に張る　109
頭では分かっていても決断できないとき　111
「判断保留のままで動く」の意外な効果　115
「やりたい」と「できる」は違う　決断は戦略　118
私はフェアではない環境で育った　120
再就職の一歩「私にはこの仕事しかない」と思った　127
モヤモヤと迷いが生まれたら「自分中心」不足　133
取捨選択したあとは設計するだけで安心する　138
人生の挫折や失敗は、決断の大きな材料になる　141

第4章
決めたあと、「迷い」を生まないために 145
後ろめたさと未練をつくらない「最悪のシナリオ」 146
私はその失敗を受け入れられるか 150
「うまくいかなかったら…」と悩むなら 153
小さなゴールをすごろくのように組み立てる 159
「あの人がうらやましい」嫉妬と付き合う方法 163
大嫌いな運動をやった日は「私は最強」 167
再就職後に数々の失敗　それが学びになった 170
ボランティアがサードプレイスになった 173
背中を押してくれるメンターとの出会い 177
メンターにとって「使いやすい」人になる 180
うつになるほど悩んだ「離婚」どう決断したのか 184
読者実践！「私の決断」2 191

第5章

40代からできる、自己ブランディング　195

あなたはどんな人？　どんなふうに見られている？　196
一人で生きていくお金　年金8万円で足りる暮らし　199
ファッションはルールをつくって迷わない　205
47歳からレーザーでシミ取り　資格より大事な見た目　212
運動を始めたきっかけは更年期だった　216
食事は2食　自分の価値観で楽になった習慣　220
60代でも20代の友達はつくれる　224
SNSを使いこなす　発信もブランディング　228
おわりに　～これからの人生は、「幸せ」ではなく「満足」でいい～　234

第1章

私には「限界」がある

ワークライフバランスなんてもういらない

ワークライフバランス——この言葉には、ワークとライフのどちらも取りこぼすまいと、必死でバランスを取りながら、細い平均台の上を歩いているようなイメージがないでしょうか。

「長い間、落ちそうになりながら平均台を歩くのは嫌、でも、結婚して子どもを産んで生活も仕事もうまく回していかないと自分が落ちこぼれるような気がしてしまう」……などと思って、ワークとライフの狭間で、今、ものすごく頑張っている人、少なくないと思います。

もちろん、ワークにもライフにも全力投球して、ともに充実させていける人はそれでいい。でも、実際そんなことができるのは、ごく一握りでしょう。フルスピードで両立し続けることを求められたら、燃え尽きてしまう人もいる。少なくとも、**不器用な私には無理だった。だから、私はきっぱり諦めました。ワークライフバランスなんていらない、と。**

一生の中でバランスを取ればいい

とはいえ、仕事を諦めたわけでも、生活をないがしろにしたわけでもありません。**「同時期に育児と仕事を両立させること」を諦めた**のです。1日とか1週間といった短いスパンでワークとライフのバランスを取ることをやめた。そのかわり、**一生の中で帳尻を合わせればいい、**と考えたのです。

私は30歳で長女を出産し、専業主婦生活をどっぷり20年弱。その後は子離れして仕事に復帰し、62歳の現在、外資系ホテルの日本法人の社長をしています。子育てというものは期間限定です。62歳の私が今しようと思ってもできない。でも、仕事なら、今いくらでもできる。人生100年時代、私は何ならこの後10年、15年と働き続けることも可能かもしれません。だったら、子育てを終えてから思い切り働くという選択があってもいいじゃないかと思うわけです。

事実、私は20年近く仕事から離れていましたが、それを差し引いた残りの人生、十分長い。ワークとライフのバランスは、一生の中でゆっくり取っていけばいいのです。

現在の私は子育てを終え、夫もいない一人暮らしの62歳。ワークに没頭しても誰にも迷惑をかけません。幸い時間だけはいっぱいあるから、これから80歳まで18年かけて、自分のキャリアをじっくりつくりたいと思っています。平均台の上でワークとライフのバランスを取りながらジャンプするのではなく、マラソンランナーを目指した私の人生はまだ道半ば。ゴールまで自分らしく完走したいなあ、と思うんですよ。

とはいえ、もちろん、人によって事情はさまざま。私のように、人生をすっぱりと切り分けられるのはむしろ少数派で、たとえ一時的であっても仕事を手放せない人もいると思います。**男女を問わず、子どもがいてもいなくても、このワークとライフのバランス問題はついてまわる。**

だからこそ、正解は一つじゃない。「仕事は辞めなくてもスローダウンして子育てを中心に時間を使う」「仕事を頑張る！と決めて仕事中心に時間を使う」「学びの時間をつくる」「旅をして見聞を広げる」……。選択はそれぞれです。アクセルとブレーキをうまく踏み分けて、人生のオプションを自分で選べる生き方ができたらいいですよね。

仕事が好きな私がなぜ、専業主婦を選んだのか

メディアに登場するワーキングウーマンは、たいていキラキラ輝いて見えませんか。仕事でも実績を出し、子どもにはしっかり向き合い、健康を気づかった料理を作り、部屋はおしゃれでいつもきちんと片づいている。

「こんな人、いないでしょ」とまでは言わないけれど、すべてうまくいっているようなキラキラした姿は一般的ではない、と私は感じます。飛び抜けてすぐれた特殊なスーパーウーマンが紹介されているか、実際はそうでないのにそう見えてしまっているか、そのどちらかではないでしょうか。

「私はあんなふうにはできない」「私はダメなんだ」と落ち込む必要は全くないのですが……気になってしまうことはありますよね。あんなにも華麗に両立されてしまうと、「私がきちんと両立する」なんてありえない気がして。実は私もそうでした。

私はフィリピンの華僑の家に生まれました。「女の子に学歴はいらない」という家父長的な考え方に反発して、20歳のとき国費留学生として来日。東京外国語大学などで学んだあと、貿易会社に就職し、27歳で外交官だった元夫（58歳のときに離婚）と結婚しました。

この頃は自分が仕事を辞めるなんて全く思っていなかった。結婚早々に夫に帯同してアフリカのリベリアへ行きましたが、２年後帰国してすぐに広告会社で働き始めました。

仕事は面白い。事務の仕事では飽き足らず、営業の現場に出たいとずっと考えていました。30歳で妊娠したときも、産休を取得して仕事に復帰するつもりでした。しかし、**娘を腕に抱いた瞬間、気持ちが一変。「この娘を育てることが、私の人生最大の仕事になる」と直感してしまった**のです。それで迷わず、専業主婦になることを選びました。

それから、娘が大学に入学するまでの17年間、海外駐在をする夫に帯同して5カ国で暮らしましたが、私は専業主婦として、**家事と育児に全力を注ぎました。専業主婦であることが私のキャリアになる、そう思うことで、私は仕事への思いを断ち切りたかったから。**家事も育児も「ミッション」だととらえ、熱意を持ってプロジェクトに取り組むようにすごく頑張りました。今思えば、そうすることで私はプライドを保ちたかったのかもしれません。

子育てをした17年間は人生で最も幸せだった

とにかく、最優先すべきは娘。だから、娘が学校から帰って来る14時までに家事はすべて終わらせ、14時からの時間は娘のために使いました。例えば、タマネギを切っているときに、娘に「なんで泣いているの？」と聞かれたら、なぜタマネギを切ると涙が出るのかを一緒に徹底的に調べる。次から次へと出てくる質問に、娘が納得するまで対応しました。もしも、私が仕事をしていたら、余裕がなくて「あとにして」と言ってしまったでしょう。

17年間私と一緒に過ごした娘は、ハーバード、イェール、プリンストンという米国の大学に合格し、ハーバードカレッジに進学。卒業後は、外資系金融機関の日本法人に勤務したのち、ハーバードロースクールに入って弁護士資格を取得、現在は米国で弁護士をしています。**娘と一緒に過ごせたこの17年間は私の人生の宝物、人生で最も幸福な時間として記憶に刻まれています。**

子どもが生まれて「限界」が見えた

仕事を続けたかった私が、生まれたばかりの娘を抱いた途端、どうしてあっさり専業主婦の道を選んだのか。子どもってそんなにも大きな存在なのか。疑問を抱く人もいるでしょう。

私にとっては、子どもという存在の破壊力たるやすさまじく、「子育ても」「仕事も」やりたかったけれど、この二つは並列させられるようなものではなく、子どもの優先度が飛び抜けて高かったのです。

それでも、仕事も手放さずに両立できる人もいますよね。多くのワーキングマザーは、ファーストプライオリティは子どもであっても、歯を食いしばって仕事を続けているのだと思います。

でも、**不器用でキャパシティの小さい私にはそれができなかった**のです。あのとき、「もしも娘の人生に何か問題が起きたとしたら、私はどうするだろう」と考えました。例えば娘をどこかへ預けて仕事をしている最中に、事故か何かで娘が大ケガをしてしまったとしたら？　私はそれが自分のせいではなくても、自分を責め続け、仕事を続けていたことを悔やむだろう。いろいろなシチュエーションを想像しました。

ああ、ここが私の限界なんだ。

子どもが生まれて初めて見えた、自分の限界でした。だから、私はキャリアを諦め、育児に専念することに決めたのです。もちろん、仕事は続けたかった。でも、私の限界なのだから仕方がありません。この気づきは大きかったと思います。

実は娘が小学校3年生のとき、働いてみたくて小学校の先生の補助のパートに挑戦したことがあります。初日、娘と一緒に家を出て学校に行き、仕事をこなして一緒に帰宅。そして、どっと疲れを感じながら部屋を見渡したとき、「出かけたときのまんまなんだな」と実感したんです。当たり前のことですが、気づいたときはショックでした。

なぜなら、その日は片づけから始めなければなりません。いつものように帰宅した娘の話を満足に聞くこともできず、自分のパフォーマンスを最大化するために自分がつくり上げたリズムが崩れていく、その居心地の悪さ。初日でギブアップでした。以後は、自分のキャパシティを考え、パートに出ようと思うことはなくなりました。

あなたが変えられるもの変えられないもの

私は、子どもという存在を前にして初めて自分の限界に気づくことができました。それまでは可能性だけを追いかけていたから、頭の中には、仕事と育児を両立している自己イメージができていたんです。だから、生まれてきた娘を腕に抱くまで、自分ではどうにも変えることのできない「限界」に気づけなかった。

娘を産んで自分の限界に気づいてからの私は、できることとできないことをしっかり考えて動くようになりました。 本音を言えば、子どもとの日々は心から幸せだったけれども、キャリアには未練がありました。

でもね、私が結婚した相手は、外交官で3年ごとに海外を転々とする生活です。この人に帯同する私を雇ってくれるところなんて、なかなかないでしょう。それでも、キャリアを求めるなら、離婚するしかありません。あのときは、離婚だけが限界突破の鍵だったと思います。

では、離婚してシングルマザーになるのか？　当時の私にはそんな自信はありませんでした。だから、キャリアを諦めた。この経緯を元夫のせいにすることは簡単なのですが、**専業主婦として生きることは自分が望んで決めたこと。**だから専業主婦業を全うしようと思ったし、前述したように、専業主婦をやり切ることが私のキャリアになると考えたかったのです。キャリアへの思いを断ち切るために、それは必要なことでもありました。

このように、**自分の限界は、意識しないとなかなか見えづらいものです。自分**

の力で変えられるものもあれば、どうしたって変えられないものもある。変えられるものであっても、変えられる限界があります。そこを冷静に把握しておくこと、これが、的確な判断や納得のいく決断の支えになります。

時間、年齢、家族、お金、人
何が変えられる？

さて、**どこまでが自分で変えられるのか、変えられないものは何なのか、**整理しておこうと思います。

大切なことは、変えられる可能性に目を向けるのではなく、限界を知ること。

可能性に目を向けるのは夢を見ることと同じ。一方、限界に目を向けるのは、現実を見ることです。もし、今、日常に余裕がない人は、「まずは現実を見よう」、そう自分に言い聞かせて考えてみてください。

自分の力では変えられないもの。さて何があるでしょうか。

まず、「時間」です。1日は24時間しかありません。とにかくこれを意識してください。あれもやりたい、これもやりたい。TO DOリストが増えていきます。とても分かります、でも……あなたの手持ちの時間は1日24時間だけ。

きっと私たちは、みんな、スーパーウーマンやスーパーマンになりたいんです。寝なくても体が動き、頭がさえ渡り、いろいろなことができる人に。でも、あなたも私もスーパーウーマンやスーパーマンではありません。7時間睡眠が必要な人は、どんなにやりたいことがあっても、睡眠時間を削るのはやめたほうがいい。パフォーマンスやクオリティは落ち、自分が満足できない状態が続くからです。削るべきは睡眠時間ではなく、あなたのやりたい「何か」のほう。いつもTO DOリストがパンパンな人は、改めて自分のキャパを超えてやりたがっていないか、見直してみるといいと思います。

次に「年齢」です。これも変えられません。1年に1歳ずつ、年を取っていく。みんな、平等に。

では、「寿命」はどうでしょうか。これは完全にではないけれど、**ある程度は努力で変えられるかもしれません。**食事、睡眠、運動に配慮した健康的な生活を心がけることで多少なりとも変わってくるでしょう。

「パートナー」。これは変えられます。例えば、離婚すれば変わります。私は58歳で離婚しましたが、それまでに10年近く、離婚しないで済む方法をあれこれ模索しました。

「自分を頼ってくる家族」。これは、血のつながりまでは解消できなくても、付き合いのレベルをある程度までコントロール可能です。極端に言えば「もう私を頼ってこないで」と距離を置くこともできます。「家族関係」が変えられると聞いてびっくりする人もいますが、どのくらいのプライオリティを家族に置くかで、大きく変わってきます。

私が採用面接をしたり、パート勤務のスタッフの稼働時間を決めたりするとき、「家族がいるから〇〇はできない」「家族がいるから〇時までしか働けない」と口にする人はたくさんいます。この答えから透けて見えてくるのは、仕事と家族のどちらにプライオリティを置いているか。「自分では変えられないものだ」と思っているかもしれませんが、実は自分で決められることではないでしょうか。**仕事を探すときや住まいを決めるとき、家族は意外な制約になることもあります。自分自身で一度整理しておくといい**と思います。

名もなき家事や仕事も、限界を考えるための要素

そして、皆さんがたくさん抱えているだろう**「やらなければいけない仕事」**。会社での仕事もそうですが、家庭での仕事、例えば、犬を飼っていれば犬の散歩もその一つ。犬を毎日散歩に連れて行く必要がありますよね。ちなみに、うちの娘は「側弯症《そくわん》」という持病があったので、毎日のコルセットの着脱は私の欠かせない仕事でした。持病がある人は、その治療やケアのために必要なことを自分にとっての「仕事」として織り込んでいくとよいと思います。

一方で、**「体力」は限界を多少動かすことができます。体力づくりをすることで、引き受けられる仕事の幅は広がります。**採用面接をしていると「就職を希望していますが、腰が悪いので○○はできません」という条件を出す人もいます。もちろん、どのくらい悪いのかにもよるけれど、運動などで対処していく方法はない

のか、改善させる方法を考え、治療をしていけば「腰の痛み」という限界は突破できるかもしれません。これも、本人のプライオリティ次第です。

そして、**「お金」。**自分がどれだけ稼がないといけないのか、生活していくためにどれだけのお金が必要なのか。これは、**生活水準の設定によって大きく変動します。**「そんなに安い給料じゃ無理」と断じる前に、一度生活を見直してみると、案外、限界が限界ではなくなったりもするものです。これも後述しますが、**私は自分が月々いくらあれば生活できるのかを計算したことで、限界の金額がはっきり見えて不安がなくなり、心が解放された経験があります。**これも、自分の限界を知っておくことの効用の一つと言えるでしょうね。

最後に「人」。夫が許してくれない、親が認めない、子どもが、上司が、同僚が。これは関係性によっては変えられるような気がしますが、実は難しいんですよね。他人を変えることは無理だ、と最初から「変えられない限界」ととらえておくほうがいいと思います。

一方で、関係性のなかで起こっていることは、自分が変わることでどうにかなることもあります。自分は変われますから。だから、相手に落胆したり、怒りを覚えたり、文句を言ったり、ケンカしたりする時間があったら、自分が対応を変えてしまうほうが手っ取り早いかもしれません。**「他人」は変えられない限界、「自分」は変えられる限界、ととらえておくのが得策**だと思います。

いかがでしょうか。自分の限界の輪郭が見えてきたでしょうか。自分にできるかどうか、という可能性を判断する場面では、まず限界をはっきりさせ、その上で可能性を見ていくといい。そうすれば、頼み込まれて自分のキャパシティを超えた仕事をつい引き受けてしまうことは防げると思います。

ムダな時間は「計画的に」ムダにする

時間がない、時間がない、と言う人は多いけれど、**1日は誰にも等しく与えられた24時間。これは変えることのできない「限界」です。でも、時間をどう使うかは変えられます。**

働く女性向けのウェブメディア「日経xwoman」で開催したセミナーでは、24時間の使い方を参加者に書き出してもらいました。次ページのアキコさんの例のように、仕事や家事に追われて余裕がない人はたくさんいると思います。

時間に余裕がないケース

アキコさん（仮名）

52歳

- 家族4人暮らし（子ども2人）
- 不定期で業務委託仕事をしている。いつも睡眠時間を削って調整

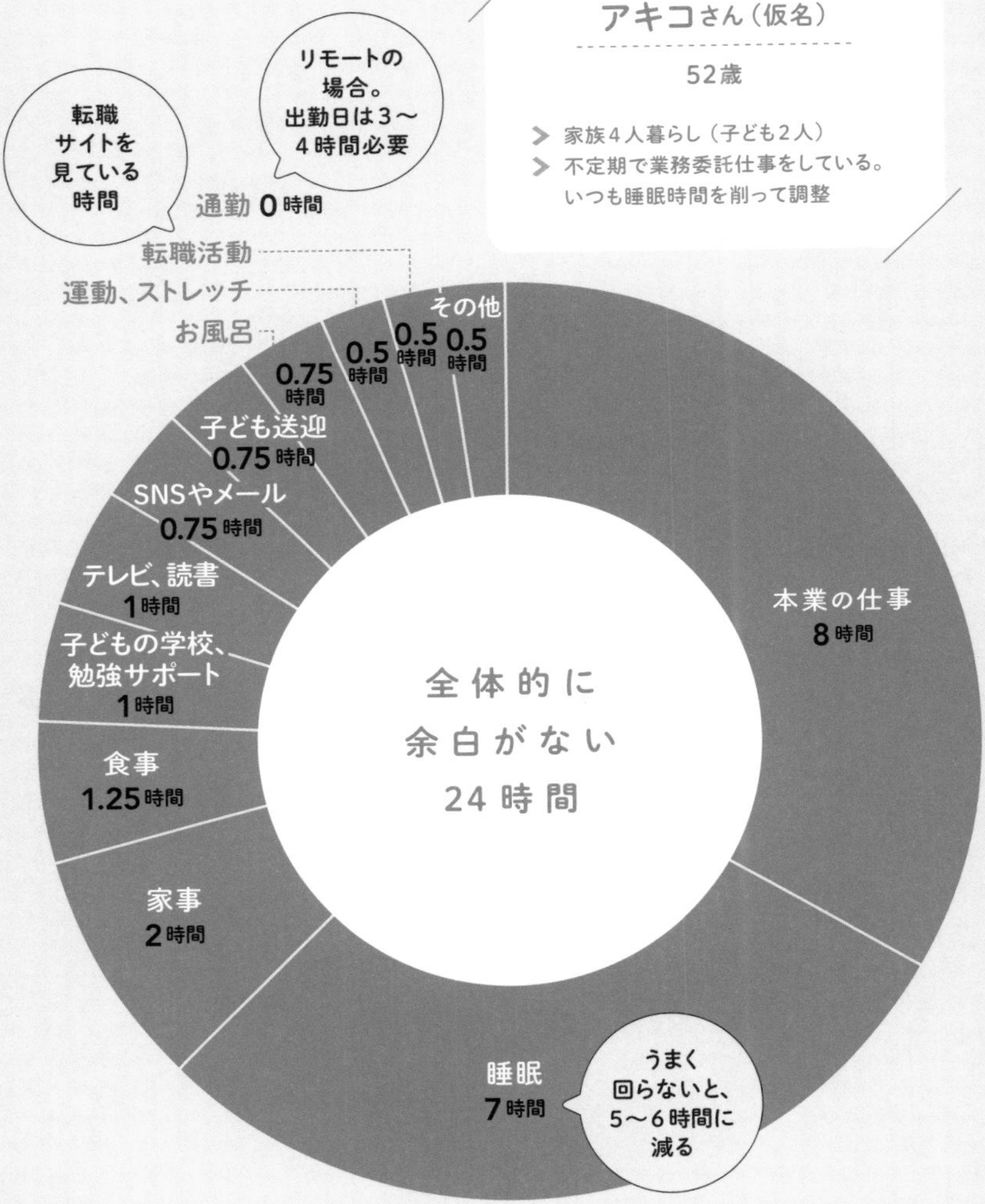

自分に時間が足りているのか正しく認識するためには、ポイントがあります。

自分の24時間を正しく知るためのポイント

◆理想ではなく、「実態」を書く

◆細かく算出する

(例)お風呂15分/湯舟に浸かる5分、洗う5分、髪を乾かす5分
食事90分/作る45分、食べる30分、片付ける15分

時間に余裕がない人は、削れる時間はないか、やらなくてはいけないことを減らせないのかじっくり考えます。考えた上で難しい場合は、ムリをしなくてもいいと私は思います。限界も人それぞれです。ただ、計画通りにいかないムダな時間は減らしたいですよね。

シンシアさんの24時間（平日）

シンシアさん

62歳

- ホテル社長
- 一人暮らし、睡眠時間8時間はどれだけ忙しくても確保する。忙しい時はホテルに泊まり込むことも

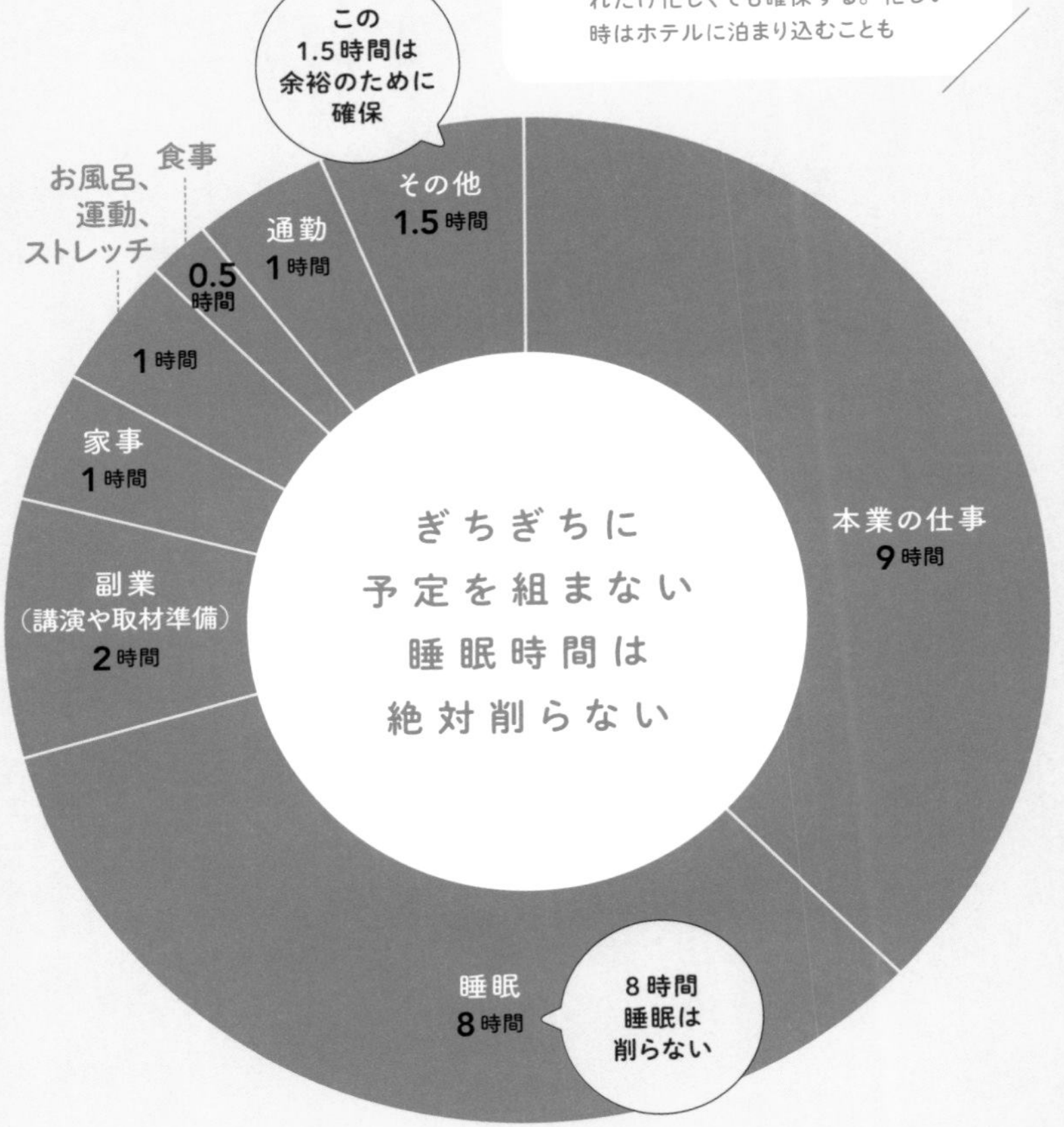

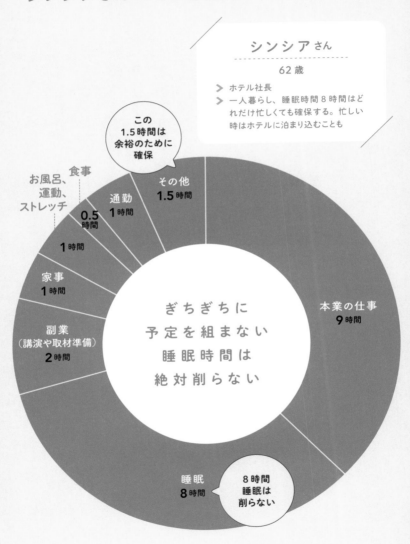

ちなみに私の場合、**ムダな時間はあらかじめ計画的につくっています。**具体的に言うと、毎週日曜日だけは何も予定を入れず完全にフリー。万一、突発的に何か入ってきたとしても、日曜日に対応することができる。こういう日をつくっておくことで、月曜日から土曜日まではパンパンに予定が入っていても日曜日に立て直して、元気に月曜日を迎えることができるんです。

もっとも、何も予定のない日を私がつくれるのは、夫も子どももいない一人暮らしだからです。子育て期間はやらなくてはいけないことがたくさんありました。でも、**子育て中の人や仕事が忙しい人ほど、計画的にムダな時間や余白の時間をつくることをおすすめしたい。**そういう人こそ計画的にあらかじめ確保しないと、自分の意志とは関係なくスケジュールは勝手に埋まってしまいます。短くてもいい。30分でも構いません。とにかく、自分の時間は自分でつくるんだ、という意識を持つことが大事なのです。こんなちょっとしたことで、一日の満足感は変わってくるはずです。

余裕がないときは、決めたことだけすればいい

それでも、時間がどうにも足りずキャパオーバーになってしまう人を、たくさん見てきました。イベントやセミナーで若い女性と出会うことも多いのですが、毎日が明らかにキャパオーバー。本人も当然モヤモヤしています。

若い頃は特にそうなのですが、**自分はもっとできるはず、と思っていろいろ抱え込み、いっぱいいっぱいになってしまう。**そして抱え込んだことを完璧にやろうとするから、満足できない。自分の限界を知っておくことは、ここでも大切になります。

余裕がなくて今とってもつらい人におすすめしたいのは、先を見ないで、過去も振り返らないで、目の前にあることだけに集中すること。やり残しが気になるかもしれないけれど、できないのはきっと、今だけです。大丈夫。人生は100年も続きますから。一生、できないわけじゃない。

だから、余裕がなければないほど、目先の最低限のことだけに目を向けて、そこに集中しましょう。目の前のことを達成すれば、それが自信になって次のことに着手できるかもしれません。

私の知り合いで、災害で夫と子どもを亡くしてしまった女性がいます。3人家族で彼女一人が残され、私は自殺してしまうのではないかと心配でたまらなかった。それで彼女を誘い出して食事をしたり、どこかへ出かけたりとお付き合いを続けてきたのですが、そのなかで、「ああ大丈夫だ、この人は自殺しない」と思うことができました。

彼女は翻訳の仕事をしていて、家族を失ったとき、ちょうど大好きなアーティストの本を仕上げている最中でした。だから、つらくて悲しくて何も手につかないようなときも、コツコツと翻訳だけを進めていたんです。プロですから、締切までに納品する義務がある。やるべきことがあったこと。これが、彼女を救いました。コツコツとルーティーンをやること自体が薬にもなり、翻訳が仕上がれば達成感も得られた。そんな彼女の姿に教えてもらいました。

以来、自分でも余裕がないとき、つらいとき、苦しいとき、不安なとき、行き詰まったとき……そんなときには目の前のやるべきことだけに集中しよう、と心がけるようになりました。

コロナで居場所を失い、うつ状態の私を救った仕事

実は私は、2018年から、日本コカ・コーラのオリンピック・パラリンピックホスピタリティシニアマネジャーを務めていました。ところが準備万端でオリンピック・パラリンピックを迎えるはずだった2020年3月、延長が決定。

マネジャー職に就いていた私の業務はどんどん縮小し、自宅待機の日々が続きます。私の仕事は早晩なくなるだろうと予想がつきました。オリンピック・パラリンピックが終わったら戻ろうと思っていたホテル・観光業界もコロナで壊滅状態。**このままでは、年金が受け取れる65歳になるまで、私は無収入になってしま**

う。

将来への胸をしめつけられるような不安感、誰とも交流のないことによる孤立感。**暗い穴に放り込まれたような気持ちで過ごしていたあのときの私は、完全にうつ状態だった**と思います。

もう限界だ、このまま一人でいたら私はダメになってしまう。自分から外へ出て何か始めなくては。そう考えた私は力を振り絞ってアルバイトサイトを検索。ハローワークにも通いました。そこで、当時61歳の私がすぐに応募できる仕事は、警備、介護、保育、小売りの4つくらいだと悟ります。この4つのなかで今、私にできそうなものは？　小売りだ。

すぐに、アルバイトを募集していた近所のスーパーに応募。**自分を救うために、レジ係の仕事を始めた**のです。初めてのレジ打ちは覚えることが多くて大変でした。それでも、目の前の仕事に集中する時間は、苦しみを忘れることができた。そして、仕事に慣れてルーティーン化してくる頃には、私の年齢でも新しいことができたという自信につながっていったのです。

時間が足りないのはあなたのせいじゃない

まだ手のかかる小さな子どもがいたり、介護が必要な家族がいたりして時間の余裕がなかったりすると、いつも時間に追われることになりますよね。時間が足りないのは決してあなたのせいじゃないのに、こんな人ほど「私は時間のマネジメントが上手にできない」と自分を責めたりしてしまう。

そんなときこそ、自分の限界に目を向けてください。**自分が自分らしくいられるためには、どのくらいの時間が必要なのか。今、どのくらい時間が足りていないのか。これを見比べれば、「時間が足りないのだから、今は仕方がない」と認**

識できると思います。そう、限界が見えれば、できない理由が明らかになり、納得できる。そうすると、ムダに自分を責めて自己肯定感を下げることはなくなるのではないでしょうか。

私は、子どもを持ったことで自分の限界に向き合うことになりました。あのとき、向き合ってよかったと思います。なぜなら、限界を知ることは的確な判断や納得のいく決断につながるからです。

第2章

自分の強みは「価値観」で決まる

「62歳、シングル」は強みか？弱みか？

自分の限界を知りましょう、現実を見つめましょう、なんていう夢のないことを前章ではお伝えしました。「自分のできないことに目を向けるなんて……」とがっかりした人もいるかもしれません。でもこれ、私の実体験からも、自分にとって納得のいく決断をするために欠かせない作業だと感じています。

時間と年齢は誰にとっても有限です。そのなかで、私たちは、突破の可能性が限りなくゼロに近いことに時間や労力をかけるわけにはいきません。それよりも、今できることにチャレンジして結果を出し、次へ次へとつなげていく。**せっかく**

の貴重な時間、つまり、自分の人生を自分らしく回していくために、できることとできないことを仕分けて、自分の限界を意識することは不可欠だと私は考えています。

限界を踏まえた上で、次に行うべきは、**自分の強みと弱みを正しく仕分けること**です。具体的に言うと、自分を特徴づける要素をバラバラに分解し、自分が何かを行おうとするときや挑戦するとき、その要素一つひとつが「強み」として作用するのか、「弱み」として作用するのかを明らかにするのです。

一つ、例をあげてみましょう。**私は「62歳」で「シングル」です。**まず、「62歳」という年齢、これは労働市場に打って出ようとした場合、「弱み」になることがほとんど（実際、そうでした）。この62という実年齢は動かしがたい限界。何か他の「強み」で相殺することを考えなくてはなりません。これは、私に限らず、ほとんどの人にも言えることです。

では、「シングル」はどうでしょうか。私は誰の世話をする必要もなく、好きなだけ仕事ができる今のこの生活が何よりも気に入っています。もちろん誰にも頼れず自分の始末は自分でつけていかなければならないけれど、その分、私は自由。やりたいことには何でもチャレンジできるし、自分のためだけに時間を使えます。だから、「仕事が好きで仕事を頑張りたい」今の私にとっては、「シングル」は「強み」でしかありません。

でも、そうじゃない人も少なくないと思います。シングルなのだから、手堅くきちんと今の生活を守っていこう、と考える人もいるでしょう。ただその場合は、「守りたいもの」がある分、「シングル」が「弱み」になる可能性もあります。

この仕分けの大前提は、これは決して、**善し悪しの問題ではない**ということ。**単なる価値観の違いです。**この違いは、例えば、「報酬は少なく、成功の確率は

50%未満だけれど、自分がとても興味がある仕事」と「そこまでワクワクしないけれど、自分の経験を生かして確実に成果が出せる安定した仕事」のどちらを選ぶかといった局面でも同じ。そのとき置かれている立場や状況、価値観によって、選ぶ答えは変わってくると思います。

つまり、「シングル」という属性は同じでも、価値観によってそれは弱みにも強みにもなりうる。だから、強みと弱みを仕分ける前に、自分の価値観に向き合っておく必要があるのです。

本章では、いろいろな例を出しながら、価値観の振り返りを行いたいと思います。

思考の癖や優先順位から自分の価値観を考える

価値観の振り返りって、実際やろうとしてもなかなか難しいんですよね。自分が何に重きを置いているのか、人生で何を大切にしようとしているのか、突き詰めてじっくり考えてみる。普段忙しい人はなおさら、やる機会がないのではないでしょうか。「あなたの価値観は何ですか?」と急に質問を振られても、するすると言語化できる人はそうそういないですよね。

では、**価値観を振り返るためにはどんなことが必要なのか。実は、私たちの日常生活の行動のなかに大切な材料がある**のです。それは、何かを選ぶとき、もののを考えるとき、いつも無意識に自分が何を優先させているのかに気づくこと。**誰にでもある「考え方の癖」や「優先順位の付け方」が大きな手がかり**になります。

価値観といっても漠然としているので、ここでは**「人間関係」「生活レベル」の二つの軸**で考えてみることにしましょう。

●「人間関係」について

あなたは自分の親が大事ですか？「はい」と答える人は多いでしょう。では、その理由は何でしょうか？「だって、親は親だから……」と思考を止めず、一度自分なりの理由や考えを深掘りして整理してみてほしいのです。

例えば、地方に住む親の介護が必要になったとします。仕事を辞めてあなたが介護を引き受ける？　Uターン移住する？　子どもや家庭はどうする？　仕事を辞めるなら新しい仕事はどうやって探す？　仕事を辞めないならどんな準備が必要？　自分の老後は大丈夫？　と、考えることはたくさん出てきますよね。

「親だから大事です」という単純な線引きをしている場合、たいてい、「子どもも大事」「仕事も大事」と、他の優先順位も曖昧になっているケースが多いように思います。でもその状態では、いざ決断を迫られたときに身動きが取れません。自分は今、何を優先したいと思うのか。何が解決されれば、状況は変わるのか。それは、自分にとって受け入れられる状況なのか。自分で想定しうる問題をリストアップしたり、シミュレーションしたりして、優先順位を自分で決めるトレーニングが必要なのです。

子どもより仕事優先
納得していればそれでいい

「子どもが大事」。実はこれも、人によります。育児と仕事の両立ができず、子育てに専念することを選んだ私は、子どもがファーストプライオリティでした。夫の海外駐在帯同も決まっていましたから、自分の限界を認識した上での選択です。同じく、子どもを第一に考えている人でも、仕事を続けることにも軸足を置きつつ時短勤務を選んでその人なりのバランスで子育てをやり切る人もいますよね。一方で、仕事で成果をあげ、出世することが第一義の人だっています。

これも、善し悪しの問題ではありません。**「仕事第一で、子育ては信頼できる**

他者に任せたい」という価値観でもいい。大切なのはまず、自分がそう考えていることを自覚すること。その上で、子どもが安心して育つ環境を最大限の努力をしてしっかり準備し、仕事にまい進する。そんな覚悟を決めた女性の話を聞くと、私とは立場や価値観は違いますが、とても共感します。もしかしたら、その人は周りから「仕事を優先するなんて、悪い母親だ」と言われることがあるかもしれませんが、自分が仕事を優先したことを納得しているなら、罪悪感を持つ必要はない、と私は思うのです。

コロナ禍を経て友達の優先順位が上がった

優先順位は、時間の流れのなかで変化します。私はコロナ禍以前は、仕事第一、友達は第二でした。仲の良い友達から誘われてもいつも仕事を優先させてきました。連絡が来ても「友達だから分かってくれるはず」と、忙しいときは返事をしないままでいたこともありました。

相手からすると私は薄情だったと思います。それでも、ありがたいことに関係性が続いていたのは、相手が私を大切な友達だと思ってくれていたからかもしれません。

そして、61歳になった私はコロナ禍で失業しました。将来の不安にさいなまれ、いったいこの先どうしたらいいのか分からなくなり、うつ状態に陥りました。でもそのとき、友達に対しては、「助けてください」とＳＯＳが出せたのです。話を聞いてくれたり、一緒に出かけたり。当時は心の大きな支えになりました。ありがたかった。私のなかで、これからの人生で大切にしていかなくてはならないものの優先順位が変わった瞬間でした。

先日も、たまった仕事を片づけようと思っていた日曜日に、「天気がいいから、公園に行ってゆっくり過ごそうよ」と誘われ、（本音を言えば仕事をちょっと気にしつつ）公園へ行きました。それでも一緒に出かけてみたら楽しくてリフレッシュできました。友達の気持ちにもこたえることができて、充実した日曜日を過ごすことができました。行ってよかったなあと思っています。以前の私なら考えられないことですが、ステージによって人の価値観は変わる。そう実感したばかりです。私はこれからも、そんな変化を受け止めていきたいと思っています。

生活レベルとお金について

次に「生活レベルとお金」を軸に考えてみましょう。

皆さんはランチにいくらかけていますか。私の本日のランチは、勤務先の近くにある定食屋さんのブリの照り焼き定食。テイクアウトで780円也。私はこれが大好きでとてもハッピーなんです。人によっては、デリバリーで○○のサラダと○○のパスタで2000円という人もいるでしょう。食べログで評価の高いレストランのランチを食べに行くのが楽しみ、という人もいるでしょう。人それぞれです。

夕飯は、今は作る時間がないので外食がほとんどですが、私の定番は、どちらも外食チェーンの大戸屋、恵比寿 土鍋ごはん なかよし。また、以前は1日に2

回スターバックスコーヒーでコーヒーを飲むのが日課でしたが、コロナ禍での失業を機に、コンビニのコーヒーに切り替えました。もちろん、比べればスターバックスのコーヒーのほうが味わい深い。でも、私の今の生活レベルでは、スタバで毎日約1000円使うのは不相応だと思う。だから納得して、コンビニのコーヒーをおいしくいただいています。

洋服は、下着などの消耗品をのぞきほとんど買いません。先日、2年ぶりに買い物をしました。ユニクロとセオリーの3990円のコラボワンピースを2枚。とっても気に入って、ほぼ毎日着ています。

このように**お金のかけ方は生活レベルを反映し、そこからは価値観が透けて見えます。**よくよく考えれば、私は衣にも食にも多くを求めていない。日常生活での自分の考え方や習慣を振り返り、自分のお金に対する価値観を自覚するだけで、私は納得度が上がったのを実感しました。

自分が何に幸福を感じるのか、何に満足するのか。これは、価値観を知る軸になります。私は築20年のマンションに住んでいますが、もしも明日、宝くじで1億円が当たったとしても、高級タワーマンションには引っ越さない。なぜなら、今のマンションにとても満足しているから。たとえ大きな臨時収入があっても、今持っているバッグをハイブランドに買い替えるかというと、それもしない。なぜなら、私はそのバッグに興味を感じないからです。

以前、「1億円もらったとしたら何に使いますか？」と聞かれたことがあります。そのとき浮かんだのは、「アメリカにいる娘に会いに行くときの飛行機をエコノミークラスじゃなくてビジネスクラスにする」くらい。使い道が思い浮かばないのです。その大金を自分のために使っても、幸福感につながるイメージが湧かないので、もしかしたら、人のために生かそうと考えるかもしれません。

つまり、私にとって、お金の価値というものはそんなに大きくない。もちろん、貯金がゼロだと将来が不安になりますが（それについてはまたのちほど詳しくお話しします）、**自分の納得いく生活が送れる最低限のお金を持っていれば充足できる。そんな自分の価値観をよく分かっている**ので、転職では報酬を第一条件にすることはありませんでした。

このように、**自分の価値観、自分にとって何が大切かを知っておくことは、決断の大きな支えになる**のです。

自分の生活レベルは収入に見合っているのか

物欲の乏しい私の例をあげましたが、以前開催したセミナーでは、**「物欲があり過ぎて生活レベルの価値観が身の丈に合っておらず困っています」**という相談を受けたことがあります。こういう人は、つい収入を超えた金額の買い物をしてしまいがち、きっと困っていることでしょう。

では、どうしたらいいのか。対応策としては

（1）収入を増やす
（2）生活レベルを落とす

この二択です。そして、どちらがいいのか。これは、自分で決めるしかありません。

（1）の「収入を増やす」について考えてみます。まず、これが現実的なのかどうかを検討します。現在の労働市場において、自分の収入をアップさせる能力が自分にあるかどうか。つまり、もっといいお給料であなたを雇ってくれる会社があるかどうか、という話です。

能力があるなら、その能力を評価してくれる会社に転職する。そうすれば、今の価値観のまま生きていくことができますよね。でも、逆にその可能性が低いのであれば、（2）の「生活レベルを落とす」一択となります。

年収1000万円のライフスタイルを望んでも、自分の能力に年収1000万円を払ってくれる会社がなければ、このお話は始まらない。そんな会社が見つからないのなら、生活レベルを落とすしかない。そんなふうに、理詰めで考えていくと、できることとできないことがはっきりしますよね。それは、身の丈に合わない価値観を見つめ直すことであり、生活レベルの調整につながるのではないかと思います。

私もこうして**理詰めで自分と向き合い、自分の価値観がはっきり分かってからは、とてもすっきり。大小いろいろな決断がラクになりました。**皆さんもぜひ一度「人間関係」「生活レベルとお金」を軸にして、じっくり自分の価値観を見つけてみてほしいと思います。

「強み」より「弱み」を知るほうが効率がいい

価値観を振り返ったら、今度は、自分の「強み」と「弱み」を知るプロセスに移ります。「自分の強みが知りたい！」という人はとても多いのですが、**私がおすすめしたいのは、「弱み」に着目すること。**

その理由は「限界を知る」と同じです。「得意なことや好きなことを軸にして自分で行動しよう」と推奨されることがよくありますが、可能性にばかり目を向けていても、あれもこれもできるわけではない。現実主義で冷めたメッセージかもしれないけれど、**強みより、むしろ自分の弱みを知っておくことのほうが、納**

得のいく人生を送る上で意味があると、私は考えています。

自分の弱みや限界を知り、何でも手に入るわけではない現実に直面すれば、自分が今何に集中すべきかを真剣に考えることができる。時間は有限、一人ひとりが持っているリソースも、個人差はあるけれど有限です。**自分の大事なリソースを上手に使うためには、自分の弱みと限界を知ることが欠かせません。**

私はセミナーやイベントなどでたくさんの女性にお会いします。時間に追われ、やるべきことに埋もれ、いっぱいいっぱいになっている人も少なくありません。でも、自分の弱みや限界を認識していれば、明らかなキャパシティオーバーは避けることができると思うのです。

前述したように、私の今の弱みは年齢。実年齢の62歳は変えることのできない限界でもある。労働市場全体から見れば、年齢を重ねるほど求人件数は減ります。

働き口が減るわけですから、私が労働市場に出て行くとき、62歳であることは大きな弱み。実際に転職活動をし、ハローワークに通い、求人情報を毎日チェックしていると、肌で感じました。転職エージェントにため息交じりに「60代かぁ」とつぶやかれたこともありますよ。客観的な視点で見ても、この年齢は弱みなんですね。でもそれを分かった上で仕事を探す。これからも私は、弱みがありつつもそのなかでできることを探すと思います。

ライフステージの変化で「弱み」は増える

では、あなた自身の弱みは何でしょうか。家庭があること？　小さい子どもがいること？　介護の必要な親がいること？　「家族のために頑張ろう」と思えるのは強みだと感じる人もいるかもしれません。でも、守らなければならないものの存在自体は、あなたの自由度を奪い、負担を増やすことは事実。私自身も実感があるので、とても分かります。

つまり、**弱みはライフステージの変化で増えていってしまう**こともあるのです。結婚すればその幸せを守りたくなるし、子どもができればさらにその気持ちは強くなる。**守りたいものがあると、それが弱みになることもあります。**30代、40代の子育て世代は、その意味では自分のやりたいことを自由にできない、身動きがとれない時期と言えるかもしれません。逆に、独身で若いというのは、それだけで強みになることが多いんですよね。

守りたいものを抱えたそんな時期は、安全な道を進むのも一つの考え方です。無理をして、限界以上のものを手に入れようとしなくてもいい。なぜなら、今の状況がずっと続くわけではないからです。今の弱みを抱えた状況から解放されるときも来るでしょう。

実際、60代の私は、守るべきものがなくなり、自分の好きなように生きています。誰も私に期待していないし、頼ってもこない、自分の始末だけつければいい、だから、とっても自由です。

こんな時期が、いずれやって来るでしょう。子育てや介護など、守りたい人のケアに追われ、今、十分にやりたいことができなくても、やがて、思う存分できるようになる。そんな日を楽しみに、**今は、今やるべきことに集中する。弱みを抱えているときはそんな動き方でいい、**と私は思います。

何しろ人生は長い。動ける時期が来たらいつでもそこからスタートすればいい。始発に乗り遅れても、特急に乗れなくても、いつか電車を乗り換えればいいのです。いくらでも乗り換えられますから。自分の弱みを自分で把握できてさえいれば、人生が拓けるチャンスを現実的なタイミングで自分の手でつかみ取ることができると思います。

過去は振り返るけど、過去には振り回されない

私は今、社長を務めています。スタッフの採用に関わるなかでこだわったのは、雇用の多様性です。性別や経歴に関係なく、平等にチャンスをつくりたかったし、専業主婦も含めさまざまな女性へ就職の道をひらきたかったからです。

賛同してたくさんの人が応募してくれたのですが、一方で、過去の栄光から逃れられない人もいました。ある女性は、「以前、ハイブランドの広報をやっていたから即戦力としてバリバリやりたい」とアピールをしてくれたものの、「SNSは使ったことがないから難しい」と言います。今の広報業務にSNS発信は欠

かせないのに、20年以上前の広報活動から情報をアップデートしようとしていない。ある男性は、「管理職だったため、管理職経験を生かして管理監督がやりたい」と言う。でも、実際はホテルで使うPCソフトも英語もできず、ゼロから学ぼうとする意欲もない様子……。

「ハイブランドの広報経験」も「管理職経験」も、それだけでは強みにはなりません。過去に同じような仕事をしてきたとしても、時代とともに仕事の内容は変わりますし、**同じ職種であっても、働く場所が変われば、ゼロから学ぼうとする意欲は必要です。それは、何歳であっても、どんな経験をしてきた人でも。**

自分の強みと弱みを仕分けるとき、私たちは、過去の経験に照らし合わせて考えます。このときに**大切なのは、過去に振り回されるのではなく、過去から学ぶこと。**かく言う私自身は、過去から学び、過去の経験を土台にすることを自分のルールにしてきました。

経験を荷物にするか、土台にするか

17年間専業主婦だった私が社会復帰したのは、娘が通っていたバンコクの学校から、カフェテリアで子ども達と話したり、ごはんを提供したりする仕事をやらないか、と声をかけていただいたことがきっかけです。

出産まで広告会社で働いていた私が、もしもあのとき「前職の経験を生かしたい」などと考えていたら、この話には乗らなかったかもしれません。

私は、子育てに没頭している間も、新聞を数紙欠かさず読み、ニュースサイトをチェックするなど、「社会の浦島太郎」にならない努力をずっと重ねてきました。それでも、20年近いブランクはあり、その間に社会は大きく変化しました。だから、自分の市場価値なんてたかがしれている、そう思っていたのです。**自信がなかったんですね。**

再就職した当時、必ずしも、自分からやりたい仕事とは違ったけれど、せっかく声をかけてくれたのだから、まずはとにかく頑張ってみよう、と引き受けたのです。

それから3カ月後、3つあるカフェテリア全体のプロデュースとマネジメントを任されるようになり、3年間でカフェテリアは街でも評判の店になりました。

しかし、52歳のときに日本に帰国して就職活動を始めたときは、履歴書を片っ端から送っても、どこも取り合ってくれませんでした。英語もできるのに、バンコクでの実績もあるのに、何も評価してもらえなかったのです。とても悔しかった。悔しくて仕方なかったけれど、「結局、これが、52歳の私の市場価値か」と認識せざるをえませんでした。現実を受け入れたのです。そして、なんとか見つけた時給1300円の富裕層向け会員制クラブでの電話受付の仕事から日本での社会復帰をスタートさせました。

前述したように、61歳のときにはコロナ禍で失業。あのときも、「今の自分に世の中が与えてくれる仕事は何なのか」を分析し、唯一そのなかで自分にできそうだったスーパーのレジ係のアルバイトに応募して採用されました。

いずれの場合も、**過去の実績にしがみつかなかったから、過去の経験を荷物にしないで済んだ。悔しさはもちろんあります。でも、振り返ると、まっさらな自分に戻ってスタートすることで次につなげることができた**のだと思います。

一方、過去の経験が土台になったのが、日本コカ・コーラでオリンピック・パラリンピックのホスピタリティシニアマネジャーを務めたときのこと。

私のメイン業務は、会社が購入して取引先などに配布したり、消費者プロモーションに使ったりする膨大な数の観戦チケットの選定と発注でした。実を言うと、私自身はスポーツにあまり関心がなかったのですが、試合進行の仕組みを一から勉強し、活躍しそうな日本人選手を綿密にリサーチ、ブランドのイメージを損なわないように、熱中症のリスクがある時間帯の競技はすべて外してバランスよくチケットを選びました。

業界のなかでは「どうして日本コカ・コーラの新米のおばちゃんが、一番いいチケットを全部持っていっちゃったのか」と話題になりました。私には、オリンピック・パラリンピックの経験はありませんでしたが、営業で身に付けたリサーチとリスクヘッジのスキルがあった。これは、**他の業界で身に付けてきた私のポ**

ータブルスキルでした。過去の経験が土台になりました。

オリンピック・パラリンピックは延期になり、結果的に私は退職しましたが、大量のチケットをさばいた経験と、短い期間でもグローバル企業がどう動くかを内側から見た経験は得がたいものでした。それは今も生きているし、これからの仕事でもきっと役立つと思います。

新しい仕事を探すとき、新しい何かを始めるとき、過去の経験を荷物にせず、土台にすることを意識してみてください。成長の角度も、得られる経験も、大きく変わることでしょう。

「好きを仕事に」は正解？好きなことがなくてもいい

「好きなことを仕事にしましょう」という言葉、よく聞きますよね。でも、あえて、石を投げてみます。本当にそれは、どんな人にとってもいいことなんでしょうか。

私が学校のカフェテリアマネジャーの仕事を引き受けたのも、その仕事が好きでやりたいと思ったからではありませんでした。強いて言えば、それしかやれる仕事がなかったからです。そして、私の周囲を見る限り、**たいていの人は、好きを仕事にできていないと思うのです。**それでも、目の前の仕事を続けていくなかで面白さを感じたり、やりがいが生まれたりして、好きになっていく――こういうケースのほうが多いのではないでしょうか。

それに、**好きなことがない人だってたくさんいますよね。**「好きを仕事に」とすすめられても、好きなことがなければ前に進めなくなってしまう。その言葉に振り回されて、コンプレックスを抱いている人もいる。**私は、好きなことがなくても、全くダメではないと思っています。代わりに自分が今できることを探せばいい、それだけのことです。**

実は、**私自身も好きなことがない人の一人です。**これに気づいたのは、ずいぶん前に、あるコーチングのセッションに参加したことがきっかけです。

生きがいを探すというセッションのなかで、「何が好きか」「なぜお金が稼げるのか」「あなたができること」「世の中が必要とすること」を書き出すようにコーチに言われました。でも、私は、どんなに考えても「何が好きか」を書くことができなかった。一つも思い浮かばなかったのです。娘のことは大好きですが、子育てを終了した今は書く必要がないからです。

私はコーチに、「好きなことがない人もいっぱいいるのに、どうして無理に探さないといけないのか」と質問しました。コーチの説明によると、「好きなことがないと、生きがいが見つからない」というんです。びっくりして、「だったら、私は生きがいなんていりません」と言ってセッションを離脱しました（笑）。

仕事で会った別の人から「好きなことを探求されたのですね」「ホスピタリティをライフワークにしている」と言われたときも、私は反発を覚えました。違います。だって、私は別に、ホスピタリティが好きなわけじゃないから。私にはそれしかなかった。目の前のことをただやってきた。それだけだから。**私は、「好きなことを見つけると幸せになれる」というメッセージには、そもそも無理があ**

る、と言いたいのです。

自分の「好き」がはっきり分かっていて、それをなりわいとしたいのであれば、「好き」を追求すればよいと思います。でも、例えば「好き」より「稼ぎ」の優先順位が高い人だっています。そういう人は、好きなことより、嫌いでも稼げる仕事を選んだほうが幸せかもしれません。

「好きこそものの上手なれ」という言葉も私にはなんだかしっくりきません。好きなことは、放っておいてもやりたくなるから上手になる。そこには一つもチャレンジがない気がするからです。苦手なことや嫌いなこと、初めてのことに取り組むからチャレンジングなのではないか。例えば、私は嫌いなことや苦手なことをやり遂げると、すごく自信がつくんです。それは、自分の「弱み」を克服できた、と感じるからです。

「強み」と「弱み」に話を戻しますね。

「強み」「好き」「得意」「可能性」よりも、「弱み」や「限界」にフォーカスしながら物事を考える私は、根っから現実的な人なのだと自覚しています。でも、**自分の人生を自分で決断し、動かしたいなら、夢を見ている場合じゃない。しっかり現実を見つめなければ、と思うのです。**

「弱み」から「強み」はつくれる

繰り返しになりますが、私にとっての最大の弱みは、「年齢」です。そして第2の弱みは、「日本語がいまひとつである」ということ。私の日本語は、留学生として20歳で来日してから必死に身に付けたため、ネイティブとはやはり違います。普通の会話や読み書きは全く問題ないけれど、文字びっしりの契約書はお手上げです。さらにもう一つ、外資の日本法人では働いたことはありますが、「いわゆる日本企業での就業経験がないこと」、この3つが、私の主な弱みと言えるでしょう。

私が日本で仕事をしているのは、この弱みを踏まえてのことです。

「英語が使いこなせて日本語はそこそこ」、これが私の語学の実力です。これは、英語圏に行ったら埋もれてしまい、価値を見出すのは難しい。でも、日本なら、日本語はそこそこでも英語が使いこなせればそれが強みになることが多い。**自分が持っているスキルを生かせるのが日本だった**のです。また、日本企業ではなく「外資系」の企業なら、「日本企業での経験の少なさ」という弱みが問題にならず、自分を生かせる場になると考えています。

このように、弱みにフォーカスすることで、強みが見つかることもあります。業界や環境、視点を変えれば、強みは弱みに、弱みは強みになることもある。冷静に、客観的に、自分を分析することで得られるものは大きいですね。

読者実践

「私の決断」#1

シンシアさんのインタビューを読んだり、セミナーを受講したりした日経xwoman読者の皆さんが、シンシアさんの決め抜くプロセスを実践した体験談です。意外な限界を知った人、決断に自信が持てた人、さまざまです。

私は、今は子育て優先でいいんだ

● **自分の24時間の実態を細かく振り返り、「物理的に時間が足りなくて、やりたいことができていないという現実」を確認することができました。**やりたいこと・やらなくてはいけないことを実現するために「気合いで乗り切る」という精神論では全くない。**冷静に客観的に、判断する材料が得られます。**私は今、時短勤務をしながら子育て中です。フルタイム勤務に移行している周囲のワーキングマザーを見ながら、迷いがありました。でも、自分の限界と向き合って、「私はもう少し子育て優先でいきたいんだ」という自分の気持ちを改めて確認できました。今、できることを続けていきたいと思います。

（42歳、マーケティング、正社員）

あの経験は ムダじゃないと思えた

● 以前、セミナーで「駐在妻で仕事ができない自分に焦りを感じている人は、実は『人生の宝くじに当たっていること』（新しい環境で子育てに専念できることの価値）に気づいていない」というシンシアさんの言葉に、勇気をもらいました。**私も、夫の海外駐在に帯同した経験があります。**夫は出張ばかりで不在、トラブルの多い海外で未就学児2人（最終的には3人）の育児を、ノイローゼのようになりながらやってきた5年間はムダじゃなかった。**自分の決断で選んだ道。あの経験を誇りに思い、自信を持って、今の新しい仕事を頑張りたい**と思います。

（35歳、会計事務所、正社員）

期限を決めて 決断のプロセスを実践

● 私は今、育休中です。子どもを保育園に預ける時期をいつにするのか、復帰はどうするのか、**メリットとデメリットを書き出して、決断のプロセスまっただ中です。期限も1カ月先にしています。**また、仕事では常に成長を感じられる自分でいたいという思いがあります。ただ、昇進にも限界はあるはず。どんなコースがあるのか探しながらも、今まではアクションを起こしていなかったんです。改めて自分の限界を見直して、チャレンジする方向を決めていきたいと思っています。

（41歳、公務員、正職員）

2週間、
自分の24時間と向き合った

●2週間かけて、1日の時間の使い方を詳細にメモしました。仕事の他、家事や育児、自分のスキルアップの時間、何もしていない時間なども全部書き出しました。何にどれくらい時間を使っているのか、改めて実態を知ることができました。ぼんやりイメージしているのとは違い、数字で見える化すると現実と向き合える。改善点も見えていい経験になりました。

（40歳、サービス、フリーランス）

自分が決めるだけで
すがすがしい気持ちに

●私は外資系金融機関の管理職です。日々、外資系特有のガラスの天井や年齢の壁を前に、**中長期的な展望が見えず、悪戦苦闘**していました。でも、シンシアさんの話を聞き、**自分が無意識に自分自身に制限をかけていたことに気がつきました。**「ロールモデルがいない」「前例がない」ことは自分が動かない理由にはならないし、いつでも、どんなときも、自分が決め抜くことができればいいんだ、とすがすがしい気持ちになりました。シンシアさんの仕事に対するプロとしての向き合い方にも、私はとても刺激を受けました。自分は全力で向き合ってきたのだろうか、慣れや妥協はなかったか……と自問自答しています。特に組織で働く人間にとって、仕事への向き合い方は個人差が大きいですよね。**他者と比べず、自分がどうありたいかを真剣に考えるきっかけをもらいました。**

（56歳、金融、管理職）

第3章

選んで、捨てて、決めるまで

選択肢は持っているだけでは「ただのゴミ」

人生は、考えて、決断し、実行することで、自分が手綱をしっかり握ることができます。そのための最初のステップとして、自分と向き合って自分の価値観を知り、限界をまず受け止めて、強みと弱みを仕分ける方法をお伝えしました。

第3章では、自分が選びうる選択肢を並べ、そのなかから絞り込んで決めるまでの過程についてお話しします。

それまでのステップでは、自分の内側をのぞき込むかのような主観的な視点だったのに対して、今度は、**客観的に自分を見つめます。自分を大きな円の中に置いて、それを外から見るようなイメージ。**私はいつもこのイメージを頭の中に描いています。すると、自分と自分の置かれた状況を観察できるようになるのです。

さて、あなたが今やってみたいと思っていることは何でしょうか。何でも構いません。

例えば、子育て中の人で「転職したい」という気持ちがあるとき、その理由を考えます。「子どもの教育費捻出のために収入を増やしたい」のか「もっと自分の適性や能力を生かせる仕事がしたい」のか「子どもに手がかかるので、制度の整った両立しやすい会社に行きたい」のか。

このすべてをかなえるには、給料が高くて、適性や能力が生かせて、子育てしやすい環境が整った会社に転職できればよいけれど、そんな会社にはたくさん応募が殺到するはず。誰もが手に入れるのは難しい。実際、こうした希望をかなえられる人はそのなかのごく限られた人ですよね。

では、すべてを満たすことが難しい場合、現実的な話として、自分は何を優先させるのかを考えます。

◆今よりも収入が増やせるA社
◆あなたの適性や能力を生かせるB社
◆子育てしやすい環境が整ったC社

実際はこれほど単純な選択肢ではないと思うのですが、一つしか選べないシチュエーションはよくありますよね。もし、あなたが収入アップを何よりも優先させるなら、選ぶべきはA社。そして、BとCの選択肢は**潔く捨てていい。実はここが大きなポイント**だと思っています。

他の選択肢を捨ててしまえば、ムダなことを考えたり、夢を見たりしなくても済みます。選択肢を絞るメリットって、ここにあるんですよね。**選べない選択肢は、あなたにとってはただのゴミ。へたに持ち続けると重い荷物になるだけ。**決めたら潔く手放す、に限るんです。

でも実際は、選ばなかった可能性のほうに思いを馳せて立ち止まってしまうことがあります。その時間が、すごくもったいない。可能性を考えるのはとてもいいことです。でも、**本当にかなえたいなら、少しでも変わりたいなら、私たちは、夢や幻ではなく、現実的な選択肢を真剣に考えることも大事なのではないか**と思うのです。

あなたは、その選択肢をどうやって捨てる？

選択するとは、捨てることでもある。何かを選ぶためには、それ以外を捨てる判断をしないといけない。そう、思っています。「でも、そんなに簡単に捨てられないよ」「それができたらラクだけどね……」という人もたくさんいるでしょう。**何を、どんな順番で、捨てるのか。**普段、私が意識していることがあります。

まず、ロードマップのようなものを思い浮かべてください。進む道程は一本道ではなく、途中に交差点もあれば三叉路も二股もある。でも、選べるのは一つだけですから、その都度何かを捨てることになります。**捨てるのは、あなたの限界**

に照らし合わせたときに、現実的でない選択肢です。

再び「転職」を例に考えましょう。例えば、「宇宙で仕事をする」という選択肢。今の時代、その可能性は誰にでも開かれてはいるものの、ほとんどの人にとって現実的ではありません。だから、捨てる。この判断は容易にできますよね。

では、「海外で仕事をする」。どうでしょうか。日本語しかできない場合は、可能性はゼロではないけれど、限界もちらつきますよね。そこで、その限界をにらみつつ、状況を客観視してみます。

海外での仕事を日本語だけで進めることができるのか。それ以前に、そもそも他の応募者のなかから外国語のできない自分が採用される可能性があるのか。もちろん、これから現地の言葉を猛勉強する覚悟があれば、限界は突破できるかもしれません。そこは自分次第です。

あるいは、もしもあなたが、「得意の英語を生かせる海外勤務をずっと希望しているが、今の会社では希望が通りそうもない」といった状況なら、勤務地が英語圏の会社の求人は、応募先として有望な選択肢の一つになるでしょう。でも、勤務地がフランス語圏の国や中国で、ビジネスで使う言葉もフランス語や中国語だとしたら、英語を生かしたいあなたにとっては不要な選択肢となります。

このように、一つひとつの条件を、冷静につぶしていくような作業で、不要な選択肢を仕分けしていくのです。

納得の決断をする土台づくりは情報収集

選択肢の絞り込みの前に、とても役立つのが情報収集です。自分が納得できていない場合、その原因はたいてい情報不足です。自信を持って決断したり、動いたりするためには、十分な情報が必要です。

AとBのどちらにすべきか――選択肢を前に悩んでしまう。転職先候補のA社とB社、書き上げた企画書のA案とB案、子どもの受験先候補のA校とB校、婚活アプリで出会ったAさんとBさん。どちらもイマイチ決め手に欠けるというシチュエーション。どんな世代でも、どんな立場でも、どんな大きさの決断シーンでも、よくありますよね。

目をつぶって「えいっ」と無理やりどちらかを選ぶのも一つですが、選択の根拠が乏しいため、納得感が得られず、「あちらを選んでおけばよかった」と後悔することにもなりかねません。

そこで、**どちらにするか悩む時間を、情報収集に充てる**のです。**自分で得た情報は、納得感のある決断の土台になります。**選ぶ根拠が見つかるかもしれないし、何も出てこなかったら、どちらも捨てて、第3の選択肢Cを探す道に進めますから。

悩むのは、同じ場所をぐるぐる巡ること。考えるということは先へ進むことです。立ち止まらず、情報を補強し、思考を先へ進めたいですよね。

●情報源の選び方　シンシア流は二つ

では、情報収集はどうやってやればいいのか。私は、情報源を大きく二つに分けて考えています。

1. 日常的に情報を得て、自分のベースをつくるための情報源
2. 目的に合わせて、必要な情報を取るための情報源

一つ目の**「自分のベースをつくるための情報」というのは、社会で生きるための基礎になる情報**です。テレビニュースなら、私は、公共放送であるNHKのニュース、社会がそれをどう見ているかを知るために民放のニュース番組のどれか、さらにそれを経済視点から見るとどうなのかを知るためにテレビ東京の経済ニュース、この3つを押さえます。

海外の情報は、テレビニュースならBBC、読むなら「ニューヨーク・タイムズ」と「ウォール・ストリート・ジャーナル」、「フィナンシャル・タイムズ」。加えて、今の仕事にも役立つ、観光業界に特化した情報源は、国内なら「トラベルボイス」、海外なら「SKIFT」。

これらはあくまで私の例ですが、大切なのは、自分が信頼できるメディアを選ぶこと、自分の興味や関心からあえて離れて、多方面からバランスよく情報を取ること。つい、自分の興味がある分野の情報だけで満足してしまいがちですが、意識して幅広い情報に常に触れていると、自分や自分の置かれている状況を客観的に見る視点を鍛えることができます。

二つ目の、**「目的に合わせた必要な情報」は、何かを実現したいときや行動を起こしたいときに直接役立つ情報のこと**です。分かりやすくするために、話をちょっと具体的にしましょう。

転職する気がなくても、求人情報を常に見る

私は**今のところ転職する気は全くないけれど、求人情報はいつもチェック**しているんです。なぜなら、世の中が求めている人材について知りたいし、自分が求められる人材であるのかどうかも確認したいから。求人情報は転職のためではなく、**今の自分の市場価値を知るために必要な情報源**になります。

もし、私が今の仕事を辞めて、観光業界のなかで転職先を探すとしたら、どんな情報が必要になるかというと、まずチェックするのは観光業界の求人情報です。といっても、すぐに「自分のスキルや経験が生かせる場所はないか」と、個別の求人情報をチェックするわけではありません。その前に、もう少し広い視点で、最近はどんな企業が強いのか。逆に伸び悩んでいるところはあるのかなど、現在の業界のプレーヤー動向を把握します。最新の業界地図を知るためです。また、

人材が足りないのはどの仕事で、豊富にいるのはどの仕事か、どんなスキルや人材が求められているのかなども確認しておきます。

その上で、自分の持っているスキルや経験と突き合わせます。自分のスキルや経験は社会から求められているのかどうか。もし、求められていなかったら、残念ながら今持っているスキルや経験は、強みにはならない。転職の武器にはなりません。そうやって、転職先候補となる企業の個別の求人情報を見ていきます。

先ほどお話しした「自分を大きな円の中に置いて、それを外から見るようなイメージで、自分と自分の置かれた状況をしっかり観察する」というのは、こういうこと。自分を転職市場という大きな円の中に置き、外から客観的に観察する。何かを決めるとき、始めるとき、役立つ視点はこれなのです。

ただ、**情報って向こうから都合よく集まってくれるわけではない**んですよね。

自分で外に取りに行かないと得られない。

転職や仕事探しの場合は、エージェントに登録している人が少なくないと思いますが、登録しただけでは意味がないなぁと感じます。エージェントを使うなら、面談のステップに進まないと詳しい情報が得られないからです。面談で直に話して初めて得られる情報は意外にたくさんあります。

私自身は、**何人ものエージェントといつも連絡を取り合って情報交換をするようにしています。この、「何人も」がポイント**です。自分で大切な決断をするのに、判断材料が〇〇エージェントの〇〇さんから聞いた話だけでいいのか、不安だから。転職に限らず、大小さまざまな決断のシーンは日常にたくさんありますが、安心して判断するためにも、信頼できる情報源は広げておいたほうがいいと思います。

情報収集はConnecting the Dots

情報収集で**私が大切にしていることは、情報と情報を結びつけていくこと。**

Connecting the Dots（点と点をつなげる）という言葉があるように、あちこちにＤｏｔ＝点として散らばったものは、バラバラでは意味を持たないけれど、何かにつながって初めて役に立つ。過去の経験が思いもよらなかった状況で生きて「人生にムダなことなんて何一つないんだな」と思い知らされた、なんてことはないでしょうか。それがまさにConnecting the Dotsです。

私が情報収集をするときの感覚って、このDotをたくさん集めている感覚なんです。**何かを決めたり、考えたりするときに、あるDotと別のDotがつながって解決の道筋が見えたりする。**

日ごろからたくさん情報を収集しておくと、判断材料にできる情報が頭の中に既に蓄積できています。点在したDotがあるテーマで考えることでつながっていく。考えるということは、無関係な過去の経験や情報やデータをつなげて意味あるものにしていく作業なのかもしれません。

だから、Dotは増やしておきたいんです。さらに言えば、Dotの数を増やすだけでなく、できれば強く、濃く、大きくしておきたい。そのためには実践あるのみ。実際にアクションを起こすことが大切です。

一人暮らしの私の家にはスマートスピーカーの「アレクサ」があり、音楽を流すとき、ニュースを聞きたいとき、天気やドルの為替などネットで調べたいことがあるときはすべてアレクサに問いかけています。

なぜ、アレクサが私の家にいるかというと……、ある日、30代の知り合いと話していると「テレビはもう見ない。端末がニュースを教えてくれるからね」と言うのです。「その端末って何？」と聞くと「アレクサみたいなもんだよ」と教えてくれました。また別のある日、アマゾンが年に一度行っているセールの「アマゾンプライムデー」で多くの人が買い物をしていることを知ります。私は普段アマゾンでそれほど買い物をしませんが、何か安くなっているものはあるかなと開いてみたら、アレクサを発見。そこで試しに購入した、といういきさつです。

それぞれ別の聞きかじった情報の小さなＤｏｔがつながって、自分のアクションのきっかけになる。日常のなかにも、Ｄｏｔがつながる体験はたくさん転がっていますね。

迷ったら、書いて、冷蔵庫に張る

判断に迷ってしまい、なかなか決断できないとき、そんなときは、**紙に選択肢をすべて書き出しています。**

迷いがあると、ああでもない、こうでもない、と同じところをぐるぐる回ってしまって先へ進めません。もし決められないなら、自分の中の捨てたくない気持ちが、堂々巡りをさせ続けているのかもしれない。それを断ち切るため、頭の中を整理するために、紙に書き出すのです。さらに、**それぞれの選択肢を選んだときのメリットとデメリットを書き並べるとより分かりやすくなります。**

書いたら家の中の目に付くところにでも張ってみてください。冷蔵庫なら、折に触れて見返すことができます。そして、追加したいことが出てきたら加筆する。「これはナシだわ」と手放せる選択肢が見えてきたら、線を引いて消してしまう。

そうやってぐるぐるやっているうちに**見えてくるのは、自分の思考パターン**です。何に執着しているのか。どうして一つを選べないのか。書き出すことは、自分を客観視することにもつながるのです。

頭では分かっていても決断できないとき

この冷蔵庫張り出し作戦は、私自身が判断に迷ったときにいつもやっていました。そして**この決断プロセスは、子育て中も大いに役立ちました。**親として、娘にも同じことを伝えてきたのです。

とはいえ、子ども自身に考えさせ、判断させて、決めさせるのは、決して簡単なことではありませんでした。また、解決すべき難しい問題に本人が直面しない限り、こうした経験をさせることもできません。

娘が友達づくりで壁にぶつかったのは11歳のときでした。家族で夫の赴任先のウィーンへ引っ越し、娘はウィーンの学校へ転校しました。既に人間関係のできあがっているクラスへ、転校生として入っていく心もとなさ。それだけでも大変なのに、転校早々に修学旅行が計画されていたのです。友達がまだできていない娘は行くことを渋りました。

気持ちはよく分かります。一緒の部屋に泊まる友達も、バスで隣に座る友達もまだいないのですから。私は娘に「行きたくないなら、病気だとか急用ができたとかママが先生に嘘をついて、行かなくてもいいようにすることはできるよ。でも、行けば友達ができるかもしれない。そこをよく考えて自分で決めてね」と言いました。娘は決めかねている様子。それで、「気持ちを整理してみようね」と、紙を取り出して、「行きたくない理由」と「行きたい理由」を書き出させたのです。

最初は、「行きたくない理由」ばかりがずらりと並び、「行きたい理由」はほぼありませんでした。学校行事だから行くべきだけど行きたくない、これが娘の本音だった。その紙を冷蔵庫に張り出して、学校から帰って来るたびに、毎日リストに新しい理由を付け足したり、当てはまらない理由を消したり。そのうちに学校で楽しいことがあったり、話せるお友達ができたりしたのでしょう。行きたくない理由は少しずつ減っていきました。そして、修学旅行が近づいたある日、娘は「行きたい理由」リストに、「行けば、もしかしたら同じ部屋になった子と仲良くなれるかもしれない」と書き加えたのです。結局、娘は参加することを決め、自分から「大丈夫。私、行くわ」と言ってきたのでした。

「転職すべきかどうか」「異動願いを出したほうがいいのか」「再就職に踏み出すタイミングはいつか」……これまで、私は、多くの女性からこんな質問を受けてきました。でも、私は自分の経験は話せても、その人の代わりに決断までしてあげることはできません。

今、もし、選択肢を前に迷っている人がいたら、そのモヤモヤした気持ちを言語化して紙に書き出し、頭を整理してみませんか。選択肢が思い浮かばなくても、何に不安や不満を抱いているのか、書き出してみることから。そして、それを冷蔵庫に張り出して、折に触れ眺めてみる。迷っている自分、モヤモヤしている自分を相対化できれば、それがあなたにとってのファーストステップになると思います。

「判断保留のままで動く」の意外な効果

「○○したいなあ」と思いながら踏ん切りがつかず、気持ちを書き出しても決められず、**モヤモヤが晴れないなら、「判断保留のままで動いてみる」のも一つの手**です。

例えば、今の仕事に不満があるなら、とりあえず転職活動を始めてみる。エージェントに登録したら、自分にどんな仕事のオファーが来るのか。面接を受けたら応募先企業からどんな反応が返ってくるのか。

納得できるオファーなら、転職活動続行は有望な選択肢となります。一方、満足なオファーが全然来ない、あるいは、面接で全く通用しなかったなど、残念な結果になることも。でも、そこで自分の力不足を認め、今いる会社のありがたみに気づけたら、「今いる会社で足場を固めよう」と仕切り直しにつながる。それはそれで大切な選択です。

つまり、**アクションを起こせば、フィードバックのなかで、きっと気づきがある。**モヤモヤを抱え、何も選ばず何も捨てずただ悩んでいるだけという状態を続けるよりも、とりあえず動いてみると、前に進むことができます。

人生は、常に選ぶべき正しい選択肢が並んでいるわけではありません。ただ、自分に合った選択肢と合っていない選択肢はあります。その、合う・合わないも、そのときの自分の状況によって変わります。

この本を手に取ってくださっている人のなかには、今の自分になんとなく納得できていないという人もいるかもしれません。でも、大丈夫です。**人生は選ぶことと捨てることの連続**です。**今、納得できていなくても、自分で考え、決めることで、これから先の人生は納得できるものにすることができる**のです。

「やりたい」と「できる」は違う決断は戦略

私自身、人生のなかでいろいろな決断を経験しました。

振り返れば、自信満々でこれまでの人生を歩んできたわけではありません。過去3回の転職で、私は自信がなくてオファーを断った経験があります。

大きなビジョンを掲げ、ぐいぐいと突き進むパワフルなタイプだったらどんなによかったかと思うのですが、残念ながら私はそうじゃない。選択肢がたくさんあるわけじゃないのに、長い人生のなかでは、迷いや不安から二度、うつ状態に陥っています。

ただ、**人生の節目でこれまで下してきた決断については、すべてに納得感があります。その理由は、私が夢や理想よりも現実を見て、やりたいことではなく、今できることに集中してきたからではないか**と思うんです。

もちろん失敗もあったし、葛藤を抱えていた時期もあるのですが、そんなときほど目の前のことに集中して取り組み、スモールステップを積み重ねてきました。

先の先まで見通すことはできなかったけれど、今、目前にある課題をどうクリアするのか。どうやって「次」につなげていくのか。何が今の自分に必要なのか。常に考え、考え抜き、決めてきた。そんなふうに思っています。

私はフェアではない環境で育った

私がよく受けるのは、次のような質問です。

「なぜ、そんなにあっさり仕事を捨てられたのですか」
「どうしてそんなに強いのですか」
「人生の目標は何ですか」

その答えになるかどうか分からないけれど、**私自身の価値観を形成してきたもの**を振り返ってみたいと思います。

私が育ったのはフィリピンの華僑の家庭です。日本にいる皆さんは華僑と聞くと、お金持ちだとイメージする人が多いのですが、うちはお金持ちではありませんでした。

実家は小さな金物店で、小学生のときから、毎日店番をするのが私の役目でした。封建的な華僑の家庭で、「女の子である」というだけで、2歳下の弟とは待遇が全く違いました。誕生日を祝ってもらえない、お小遣いをもらえない、「女の子だから」店番をしろと言われる、弟の話は聞くのに私の話は全く聞いてもらえない……。父は、私に向かって「おまえなんか死んでも別に構わない、女の子なんていらない」と平気で言うような人でした。母は、私を愛してくれていたと思うけれど、とても弱い人でした。父の言いなりで娘を守れる人ではなかった。

こんな環境で「私は誰からも望まれていない」と感じながら成長しました。

ものを考えるとき、行動するとき、自分の中にあるこだわりは「フェアであること」。これは育った家庭が不公平だったことが大きいと思います。アンフェアであることを自分にも相手にも許さない、許せない。良くも悪くも、育った家庭が私という人間を形成しています。

家を出たいけれどお金がない。限界から考えた留学

だから、私はたくさん本を読んで、父のゆがんだ価値観に取り込まれないように武装しました。大学は学費を出してもらえなかったので、アルバイトをしながらフィリピン大学へ。**大学3年生のとき、もうこの環境にいるのは限界だと感じ、家を出ることを決意します。そのための選択肢は3つ、①働く ②結婚する ③留学する。**

迷わず③の留学を選びました。でも、自費での留学は無理。ここで限界にぶつ

かります。本当は、多様な人が暮らし、経済の中心でもあるアメリカに行きたかったけれど、米国留学はお金がかかるので選べませんでした。何年か働いて学費をためてから米国留学という道も検討しましたが、とにかく学費が高くて断念。一方、日本への留学は競争倍率が低く、奨学金がもらえるかもしれないという読みもありました。結果は読み通り、日本への国費留学生の試験にチャレンジし、合格できたのです。

しかし、「女が留学とは何事か」と父が猛反対。私は二度とフィリピンに戻らない覚悟で、片道の航空券とわずかな荷物だけを持って家を出ました。1980年4月、私は東京外国語大学の留学生になりました。このとき20歳。

知っている人が誰もいないこの国で、私は一人で生きていくしかない、そう覚悟を決めていたから、ひたすら勉強して日本語力を磨き、時間が許す限りアルバイトをして稼ぎました。夏休みになると、エアコンのないアパートに籠もり、日本語の漫画を英語に翻訳するアルバイトに没頭。ひと夏でアルバイト代は100万円にもなりました。

しかし、母からその100万円を弟に貸してやってくれ、と言われたのです。弟は大学を辞めて父から借りたお金で商売を始めたのですが、うまくいかなくて困っている、と。私は、口座に振り込まれたばかりのアルバイト代全額を弟に送金しました。そして、「これは手切れ金。もう二度と私とかかわらないで」と伝えました。

以来、弟とは口を聞いていません。父の葬儀にも行きませんでした。母からは今もたまに電話が来ますが、弟の話になると私が電話を切ります。「冷たい」と言われると確かにそうかもしれない。でも冷たく切り離さなかったら、私は永遠にあの家族に引きずられていたでしょう。自分を守るために必要なことだった、そう思っています。**私がよく「強い」と言われるのは、20歳で覚悟を決めて、家**

を捨てる決断をしているからなのかもしれません。

自分がどういう人間なのかを知っておくことは、納得できる人生を歩むために、決断後の迷いを生まないために、とても大切だと実感しています。

結婚は「直感」で決めた

人生の決断のなかで、結婚については、どこか直感が働いていたように思います。

元夫は外交官で、大学時代からの友達の一人でした。彼は最初フィリピンに赴任し、私は都内の貿易会社でバリバリ働きながらの遠距離恋愛でした。ネットがない時代だったので、手紙でやり取りを続けて。彼の次の赴任先がリベリアに決まったとき、一人で行きたくないんだろうな、と思ったんです。このままだと、彼との縁も切れるだろうと分かったから27歳で仕事を辞めて彼と結婚し、リベリアへ一緒に行きました。

2年後に日本に帰国してすぐ、就職活動をして働き始めました。そして30歳で妊娠。その後、娘を出産して専業主婦として生きることを選んだ経緯は、第1章でお話しした通りです。それから17年間、私は人生で最も幸せな時期を専業主婦として過ごしました。

専業主婦を選んだのは、他の誰でもない自分。海外渡航後も、後悔することはありませんでした。というのも、自分で決めたのにぐじぐじ言ったりモヤモヤしたりするのは、夫に対して失礼な気がしたからです。

再就職の一歩
「私にはこの仕事しかない」と思った

専業主婦として過ごした17年間に全く後悔はないけれど、2011年に日本に帰国して就職活動をした私の前に立ちふさがったのは、「52歳・専業主婦歴17年」という壁でした。

履歴書を送っても送っても片っ端から門前払い。面接までいくこともできない状態が続きました。私は英語も日本語もそこそこできるし、バンコクではカフェを成功させた実績も自負もあったから、〝いい仕事〟に就きたいと思っていました。

でも、**就活したことで、52歳の自分の市場価値が、自分が思っているよりもずっ**

と低いことが分かったんです。専業主婦17年、つまり、長い間社会のなかで仕事をしていなかったという理由でチャンスが与えられないという現実、その不公平さには腹が立ったけれど、どうすることもできません。

そこで、私は条件を下げました。正社員でなくてもいい、給料は高くなくてもいい。探し続けて半年くらいかけてようやく見つけたのが、富裕層向け会員制クラブでの時給1300円の電話受付の仕事でした。

このエピソードに対して、「1300円は高い、自分はそんなにもらえない」「英語ができて、カフェテリアマネジメントの実績もあるのに自分を安売りし過ぎだ」という声もありました。でも、当時の私には金額は問題ではなかったんです。**だって、選択肢は他になかったから。**時給1300円だろうと900円だろうと、私はこれをやるしかなかったからです。

●電話受付から始め、時給から月給へ

仕事は、電話受付の他に書類のコピーなどの雑用でした。初めのうちは「電話の応対もろくにできないよね」と嫌みを言われたり、分からないことを質問すると迷惑がられたり。**特別なスキルは不要で、必要なのは忍耐と体力でした。**でも、3カ月間一生懸命やれば、だいたいのことは覚えられました。

仕事を一通り覚えてこなせるようになると、ステップアップしたい気持ちが芽生えてきます。そこで、**手間がかかるのに単価が安いために誰もやりたがらない、会員を対象とした子どもの誕生会の企画運営を引き受けることにしました。**子育てやカフェテリアでの経験を生かして、子どもが楽しめる誕生会をいくつかやっていくうちに評判となり、宴会担当として指名されることが増えていきました。

1年後には、チームの売り上げの40%くらいが私の担当するイベントになってい

たのです。

1年契約だったので、更新するときに「時給制ではなく月給制にしてください」と希望を伝えました。でも、時給が1300円から1400円にアップしただけでした。それで「月給制の仕事に就く」ことを目的に、転職しようと思うようになりました。

●社長を目指したことは一度もない

そんなとき、バンコクでの私の仕事ぶりを見ていた知人の紹介で「ANAインターコンチネンタルホテル東京で働かないか」というお話をいただきました。でも、**最初は「無理です」とお断りしたん**です。**ホテル業界での経験はゼロだし、自信がない。**私には、絶対無理だと思って。

ただ、冷静に考えてみると、私はまさに転職を考えていて、そのホテルでの仕事なら「月給制の仕事に就く」という当面の目標が達成できます。次第にやってみようかな、という気持ちが湧いてきました。私がいろいろな国で生活してきたことを評価してくれていることにも心が動かされました。

そして、ツインとダブルの違いも分からないまま入社。それからは毎日猛勉強でした。入社したら、ホテル業界ひとすじ20年みたいな人たちがいっぱい。**17年間も好きなだけ専業主婦をやってきた私が、他の皆さんと同じ土台を構築するには勉強するしかないと覚悟を決めました。**

宿泊セールスという仕事は未経験でしたが、外国人のお客様が多いなか、英語でのセールスができることだけは大きな強みになりました。営業成績はぐんぐん伸び、入社の翌年にシニアセールスマネジャー、3年後には営業開発担当副支配人になっていたのです。

その後、58歳で、ラグジュアリービジネスを学ぶために、シャングリ・ラ 東京に転職。毎日エレベーター前に立ち、1泊60万〜80万円を支払って宿泊するお客様がどんなバッグを持ち、どんなものを食べて、どんな行動をするのか、を目の当たりにしてきました。そして、東京2020オリンピック・パラリンピック目前だった2018年、日本コカ・コーラのオリンピック・パラリンピックのホスピタリティシニアマネジャーとして転職。そのあとのことは前述したとおりです。

この10年で転職を5回繰り返し、時給1300円の仕事からスタートした私は今、社長になりました。でも、今のような自分を思い描いたことは一度もありません。**いつだって目の前のことに集中して取り組み、一つひとつ考えながら、迷ったら書き出して、納得のいく決断をし、次へ次へとつないできた**だけなのです。

モヤモヤと迷いが生まれたら「自分中心」不足

私には、大好きな図があります。**ど真ん中に「ME」の文字。自分の人生の真ん中には自分を置くという図です。**

この図（次ページ）を見ていると、自分の人生をコントロールするのは自分。自分の人生なのだから「自分中心」でいいんだ。そういう気持ちになれるのです。

あなたは、人生の真ん中に「自分」がいますか？

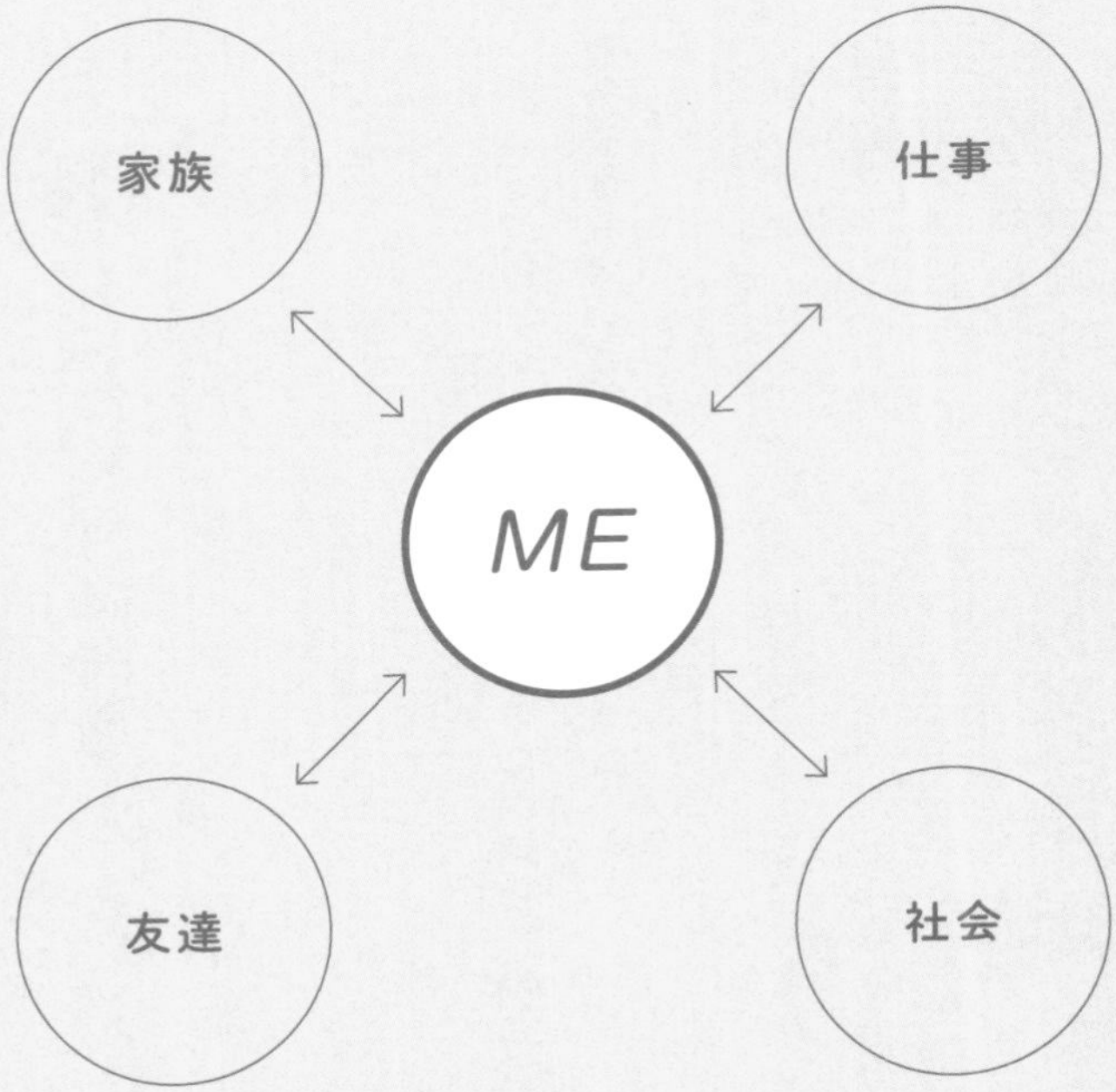

決断をするとき、「自分」以外の何が、決断に影響しているのか、この図で分かります。大事にしているものを「自分」の周りに置いてみましょう。

もしかしたら、いつもモヤモヤして悩んで迷ってしまう人は、この図の中心に「自分」を配置できていないのかもしれません。日本では、自分を中心にすることをよくないとする風潮がありますよね。「家族のため」「子どものため」「仕事のため」と動いてきた人にとっては、自分を中心にすることに抵抗がある人もいるかもしれません。でも、**ちょっとだけ試してみてください。自分を中心に置いて、自分にとって何が大事なのか、優先順位を考える。すると、意外なほど、物事がスッキリして見えることがあります。**

私の場合は、自分を中心に、周りに家族、友達、社会、仕事がぐるりと囲みます。人によっては、「宗教」なども大事な要素になる人もいるかもしれません。そして、「自分と仕事」「自分と家族」……というように、常に「自分」との関係のなかで考えます。

いつも余裕がない、という人は、この「自分」を置き去りにしているかもしれません。「自分」を抜きにして、仕事と家族という関係のなかだけで考えると、自分が本当に解決したいことが見えづらくなってしまうのです。

年齢やライフステージによって、優先順位は変わります。私は、結婚前は、「自分と仕事」「自分と友達」、この関係が大きかった。でも結婚後は、「自分と家族」が大きくなっていきました。そして今は、最優先だった家族が近くにはいません。娘は結婚して自分の家庭を持ち、夫とは離婚。そうなると、私のプライオリティは仕事です。

今、私は人生において、かつてないほど仕事に夢中になっています。それが許されるステージに入ったということなのだと思っています。限界のラインも変わりました。そんな今の自分が、私は大好き。育児に夢中になっていた頃の自分も好きですし、今の自分も好き。自分を中心に置くことで、自分を認めることができたような気がします。

ちなみに、年齢を重ねて思うのは、「自分と社会（世間）」がだんだんどうでもよくなっていくということです。若い頃は、社会から自分がどう思われるのか、社会のなかでどんな存在か、が気になってたまらなかったけれど、今は違う。社会が変化して移ろうことを身をもって感じてきたから、社会のちょっとした変化に、もう心を持っていかれることはありません。と考えると、年齢を重ねるのも悪くないですね。

取捨選択したあとは設計するだけで安心する

こうして考えると、**選択肢を並べて捨てて、決断するまでが一番大変かもしれませんね。でも、決めたら、あとはすごく楽になります、本当に。**決断したことをもとに、最初にやることはこれ、その結果を見て次はこれ、もしくはこれ……と組み立てていけばいいのです。

設計していくことで、私たちは安心感を得ることができます。私は、元夫が病気を患ったとき、そう実感しました。病気が発覚したとき、私たち家族は大きな不安を抱きました。当時はバンコクに住んでいたのですが、医師はすべての治療法や治療薬などの選択肢を私たちに示し、どうしますかと聞いてきました。

不安を抱いたまま、話を聞いたり、調べたりして、なんとかわが家なりの治療方針を決めていきます。でも、ここまでくれば、あとは流れに沿っていくだけ。いくつかの治療法に優先順位を付けて、第一選択肢から試していく。第一選択肢の薬が効かなくなったら第二選択肢の薬に変更する。もちろん、不安が消えることはありません。でも、薄らいでいきます。進め方を設計してその通りに進んでいくことで、安心感が得られるのです。

自分の進路を決めるにしても、結婚相手を選ぶにしても、働く場所を選ぶにしても、同じだと思います。前提になるのは、念入りな情報収集、情報を集めて選択する、決めたら設計する。そのあとは流れに沿って進めていく。

そこまでやっても、後ろ髪を引かれて悔やんでしまうのは、決断のときに情報が十分でなかったか、考え抜いていないかのどちらか。大変なプロセスですが、そうならないためにも、自分自身でしっかり考え抜きたいですよね。

人生の挫折や失敗は、決断の大きな材料になる

人生に挫折や失敗はつきものです。私にももちろんありましたし、失敗のない人生なんてそもそもない、と思います。そんな**人生のアクシデントやクライシスによって、自分と向き合うことを余儀なくされ、それまで気づかなかった自分の限界や弱みが見えることもあります。**

その結果、自分の価値観を改めて認識し、判断の精度が上がったり、迷いのない決断につながったりする。失敗や挫折をそんなふうに生かせたら最高だと思います。

私のセミナーを聞きに来てくれたＡさんのケースを紹介しますね。

仕事が好きで責任感も強いＡさんは、育休後仕事に復帰。すると、部署が異動になったそうです。慣れない仕事のため、どうしても仕事優先になる毎日。一方、保育園に入ったばかりの子どもは、母が忙しいときに限って病気になり、登園できない日々が続く。すると、仕事も育児も全くスムーズに進まない。そんななか、どちらも対応が遅れ、結局、子どもは緊急入院に。この経緯のなかで、Ａさんは無理をした自分を責めました。と同時に、自分が子どもを抱えながら働く上での覚悟も、両立のための環境づくりも、中途半端であったことに気づきます。

そんな自分に向き合うのはとても苦しかったことでしょう。でも、Ａさんはそこから学び、両立のための環境づくりを進めた上で、万一のときは何がなんでも子どもを優先することを決意します。揺るがない優先順位を確認し、それを可能にすべく綿密な準備をしたのです。クライシスから学びを得て、次のクライシスへの対応につなげたとてもいい例だと思います。

私にもいろいろなクライシスがありましたが、直面したときに初めて、自分の思いに気づくこともありました。

元夫が40代で大病をしたとき、彼はこのまま死ぬのかな、と思ったら、いても立ってもいられなくなり、「この人が死んだら私は生きていけない」と足元がグラグラと崩れていくような不安感に襲われたことをよく覚えています。

その後、**私は彼との離婚を考えるようになり、10年近く悩んで58歳で正式に離婚しました。踏ん切りがついたきっかけの一つに、「この人がいなくても私は生きていける」という気持ちが、心のどこかに芽生えたことがあります。**「私たちはバラバラに生きていったほうがお互いのためなんだ」と思えたのは、クライシスで自分の弱さと向き合った経験があったからです。クライシスを経ないと、できない決断もあるのかもしれないですね。

日ごろ、決断の早い私が、離婚だけはなかなか踏み切れず、決め抜くまでには、信じられないほどの長い年月を費やしました。このことについては次の章で詳しくお伝えしたいと思います。

第4章

決めたあと、「迷い」を生まないために

後ろめたさと未練をつくらない「最悪のシナリオ」

以前、セミナーで「決断したあとで、『本当にこっちでよかったのか』と未練が残ってしまうのが怖いんです」というコメントをもらったことがありました。

そうやって後ろ髪を引かれてしまうのは嫌ですよね。そういう場合、もしかしたら、自分の能力やスペックに対してのプライドが邪魔をしているかもしれません。例えば、「自分には、もっといい選択肢があったかもしれない」とか、「自分を安売りしてしまったかもしれない」とか。

そう思うこと自体を間違いとは全く思わないけれど、納得できない思いをずっと抱え続けるのはしんどいですよね。そうならないために必要なのは、やっぱり、**自分の限界をしっかり受け止めた上で冷静に判断し選ぶこと。可能性だけを追っていると、すべての選択肢に可能性を残したままでの選択になるので、他を捨てることができないから**です。

また、**「自信のなさ」も決断を妨げ、決断後の迷いにつながることも。**これは私にも経験があります。

バンコクの学校のカフェテリアで働き始めて3カ月ほどした頃、カフェテリア全体のプロデュースとマネジメントをやってくれないか、と声がかかりました。でも、即、断りました。プロデュースやマネジメントなんて、「できるわけないじゃん」と思ったからです。会員制クラブで時給1300円で働いているときに、ANAインターコンチネンタルホテル東京で働かないかというお誘いを受けたときも「ホテル未経験なので無理です」と断りました。そして、今回の外資系ホテルの日本法人の社長の話も、最初はビジネスモデルに難癖をつけて断りました。

でも、本音を言えば、3度とも自信がなかったのです。新しい世界に飛び込むのは怖い。うまくいかなかったらどうしようと、悪いほうを想像してしまう。やったことのないことへのチャレンジは、誰だって怖じ気づきます。

それでも、**納得いく自分でいるために、決め抜く一つの方法として、私がいつも行っているのが最悪のシナリオを描いてみる**ことです。

未来は誰にも分かりません。決断した結果、想定外のことが起こるかもしれない。だから、**決断する時点で起こりうる最悪のケースを想定してシナリオを描く**のです。

そして、それを「自分が決めたことだから」と納得して受け入れられるのか、「そんなヒドいことになるくらいなら、やらないでおこう」ととらえるのか、自分に問いかけます。

私はよく「シンシアさんは根っからのポジティブだ」と言われるのですが、そんなことはありません。こうやって最悪のケースをいつも考えているのですから、ポジティブとは言えないですよね。でも、こうすることで決断に迷いがなくなったのは事実です。

私はその失敗を受け入れられるか

これまで、最悪のシナリオを描いて大きな決断をしたことは2回。**1回目は専業主婦になるという決断。**

幼い娘を胸に抱いたとき、これ以上大切なものはないと思いました。もしもこの子が私が仕事をしているときに、危険な目に遭いでもしたら——。私は一生悔やみ、自分の責任でなくても、そばにいて防いでやれなかった自分を責め続けると思いました。そばにいたって防げないこともあるのは分かっています。それでも、そばにいたのなら、自分が救われる、そう思ったのです。そうして、専業主婦として生きることを選びました。

2回目の決断は、離婚です。詳しくは後述しますが、離婚を決めるまでには本当に長く時間がかかりました。離婚するかどうかを選べなかったとき、「離婚せずにこのまま結婚生活を続けた場合の最悪のシナリオ」と「離婚した場合の最悪のシナリオ」の二つを想像してみました。

もしもこのまま結婚生活を続けたら、私はどんどん薄くなって自分がなくなってしまう。もしも離婚したら、仕事がなくて（当時は無職）、孤独で、貧乏になってしまう。どちらかを選ぶなら、私はどちらを受け止められるだろうか。あのときの私は、「孤独で貧乏なこと」なら受け止められると思い、離婚する方向に向かいました。

よく勘違いをされてしまうのですが、これらの決断は、一般的な正解ではありません。薄井シンシアにとっての正解です。**決断は自分の価値観に合うものであることが大前提。正解は人それぞれです。**

例えば、赤ちゃんは母親のもとで育つのが一番、幼い頃はそばにいてあげましょう、というメッセージがあります。でもそのメッセージは、社会のなかで聞くメッセージの一部であって、あなたにとっての正解ではない。あなたがそのまま受け取る必要はないのです。もしあなたがキャリア志向が強く、仕事をすることに自分のアイデンティティを感じているなら、仕事を手放したらきっと後悔する。自分が人生で何を大切にしているのか、価値観に合う決断をすることが何より大切ですよね。

目安になるのは、それを**選んだ自分をあなた自身が好きでいられるかどうか。鏡に映った自分を認められるかどうか。**自分を真ん中に置くあの図（P134）を思い出して考えてみてくださいね。

「うまくいかなかったら…」と悩むなら

私は30～40代の女性から仕事について相談を受けることがよくあります。そこで、もったいないと感じるのは、**せっかく決めたのにその後のアクションにつなげられていない**とき。

決断したら、プランを立てて、実行していく。そのプロセスのなかで、ようやく決断が前に進むのですが、**決めたところで足踏み**してしまうケースがあります。本人が気づいていないことも多いのですが、ストップをかけているのは、**「うまくいかなかったらどうしよう」という気持ち**です。

私がよく受ける相談のなかで一番多い転職を例にとると、「転職をしたい」と言いながら、エージェントに登録をしていなかったり、希望する業界の情報収集をしていなかったり。「転職をする」と決断ができたのに行動を起こさないのは、自分にとって大きな機会損失になります。

かつての同僚のカオリさん（仮名）もそんな一人でした。私が働いていたホテルの営業部隊は男性3人とカオリさんの4人。年配の男性3人はカオリさんよりも肩書きは上ですが、名刺すらもらえていないカオリさんのほうが営業も雑用もフットワークが軽く、仕事ができるように思えました。

入社して数カ月して、私は思わず、聞いてしまいました。

シンシア　「カオリさん、あのおじさんたちよりも、自分のほうがずっと仕事ができるって気づいてる？」

カオリさん「え、うーん、確かに私がいないと、この部署の仕事は回っていかないだろうなあとは思うけど……」

シンシア「このままでいいの？　あと何年いても、組織の構造上、あなたの仕事は何も変わらないかもしれない。このまま名刺ももらえない可能性もあるんだよ」

カオリさん「転職したほうがいいのかな、とは、ずいぶん前から思っているんですよ。でも……」

カオリさんはこのままでいいとは思っていないんだなと感じた私は、すぐにビジネス向けSNSのリンクトインのアカウントを取得してプロフィールをアップすることをすすめました。

シンシア　「グズグズしていたらもったいない、すぐに！」

カオリさんは、何かきっかけが欲しかったのかもしれません。即実行したカオリさんのもとには、まもなくエージェントから連絡が来て、面接に進みました。結局、カオリさんは外資系の高級ホテルに転職し、その後さらにグレードの高いホテルへと転職。収入もポジションもステップアップし続けています。

別の部署にいたトモコさん（仮名）は、とても仕事ができる女性なのに、雑用ばかり押しつけられているように見えました。トモコさんは「仕事とはそういうもの」だと信じていたようです。

「とりあえず、面接だけ受けてみて、きっと何かが動くから」

そうすすめてみたところ、トモコさんはちょうど募集がかかっていた外資系ホテルの面接にすぐに行きました。その面接で「今のホテルには何年いるのか」と聞かれ、「9年です」と答えたら外国人の面接官に引かれたそうです。「9年も同じところで同じ仕事をしているの？」と。

明らかにネガティブな驚きの引き具合にトモコさんは、ハッと気づきます。こんなことを続けていてはダメだ、と。その後エージェント経由で声がかかったホテルに転職。今はのびのびと才能を生かした仕事をしています。

限界は「こんなもの」と固定させない

このような事例は私の周りにたくさんあります。**限界を見極めて、今いる場所に居続けるのも一つの選択ですが、限界を見誤ったり、限界を既に突破できてい**

ることに気づかなかったりするケースもあります。

自分の限界と価値観は、変化するもの。その前提で、定期的に見直したほうがいいと思うのです。私自身も、ライフや仕事のステージによって限界と価値観が変わりました。そのためにも、さまざまな視点の情報を集めて客観的に自分の力を見るようにしていたいですよね。

小さなゴールをすごろくのように組み立てる

せっかく考え抜いて決めたことなのに、最後までやり切ることができないとしたら、それは、実行のためのプランが甘いからかもしれません。

前述したように、**私は大きなビジョンや夢を描いて自分を奮い立たせることが得意ではありません。**夢や幻のためだけでは頑張れない性分です。だから、目の前のことに集中して取り組むしかなかった。**一つクリアしたら次へ、またクリアしたらさらに次へ、と細かく刻む。まるで、すごろくのような道のりでした。**

例えば、就活、結婚、転職、離婚、仕事選び……どんな場合でも同じです。「やる」と決めたら、プランを練ります。でも、難しいことはしません。**そのプランは、大きなゴールに向かうのではなく、小さなゴールをいくつも設定し、達成しながら先に進んでいくというものです。**

小さなゴールに届かなかったときは、その時点で見直して、もう一度小さなゴールを目指します。「いい会社に入る」「いい人と巡り会う」といったあやふやな大きなゴールだと、途中で挫折してしまうこともあります。でも、「営業が学べる会社に入る」「対等な関係を築ける人と出会う」という**具体的で小さなゴールであれば、やり直しも軌道修正も小刻みにできます。何より前進できる。これが、やり切る秘訣**ではないかと思います。

「シンシアさんの目標は何ですか?」と聞かれることが多いのですが、5回の転職を経て、62歳で日本法人の社長に就任した私がこだわったのはたった一つ。

スタッフの採用をすべて私に任せてほしいということでした。

このホテルで私がやりたいのは、「雇用の多様性の確保」。私はこれまでいろいろな人にチャンスを与えてもらいました。ありがたかったし、すごくラッキーだったけど、どこかでフェアではなかったとも実感している。再就職したい専業主婦はたくさんいるのに、私だけが下駄をはかせてもらっている、そんな思いがありました。私が雇用する側に立てば、やる気のある専業主婦やシングルマザーなどにも再就職の道をひらくことができる。意欲ある人には、経歴や性別や年齢にかかわらず公平にチャンスを与えたい、そのために社長になりました。

私の今の目標は、私の半径50メートルでできることです。最近、女性活躍支援やダイバーシティ&インクルージョンの分野にかかわる人からアドバイスを欲しいと連絡が来ることが増えましたが、特にお話しできることはないんです。私の本業はホテルの経営者で、その範囲でできることしかやっていないからです。

日本の社会のダイバーシティ＆インクルージョンはだいぶ遅れていると思うけど、**「日本の社会に多様性を」なんて、大それたことを私は求めてはいません。でも、「うちの会社の雇用に多様性を」というのは、是が非でもやりたい。**

だから今、採用に力を入れています。うまくいかないときもあって落ち込むこともありますが、頑張りたい。これがうまくいってホテルのビジネスを拡大できたら、さらに雇用の枠を増やせる。それが私の第二ステップになるのかな、と思っています。

ただ、大企業の方から女性活躍支援のためのアドバイスを求められたりすると、つい伝えたくなってしまいます。制度の見直しや研修、勉強会をするだけでなく、とにかく自社で、一人でもいいから、40代以上の元専業主婦を採用してほしい、と。能力とやる気も備えた人材は世の中にたくさんいます。

「あの人がうらやましい」嫉妬と付き合う方法

自分で決めたことなのだから前しか見ない、そして全力で決めた道を進む――ことができたらいいけれど、なかなかガッツがいることです。**心が揺れることもあるでしょう。例えば、自分が選ばなかった道を進んだ人が、幸せそうに輝いているのを見てしまったとき……。**

私は娘が生まれるまではバリキャリ志向で、専業主婦になんてなるものか、と思っていました。まさかの展開でしたが、納得して選んだはずの専業主婦。娘との日々は幸せで充実していたけれども、一方で、**弁護士や銀行員、大手IT企**

業の社員として働く友達のさっそうとしたビジネススーツ姿に嫉妬を感じたこともありました。

特にうらやましくてたまらなかったのは、弁護士になった仲の良い幼なじみです。仕事をしている彼女はキラキラ輝いていて、話を聞いているだけで彼女が充実した日々を過ごし、仕事によって鍛えられ磨かれているのが分かりました。

私だってあちら側を選ぶことはできたのに――何かの瞬間にそんなふうに思っている自分に気づいてハッとしました。こんな気持ちで娘に接するのは、娘に対して失礼じゃないか、切り替えなくてはダメだ、と。

そこで、「専業主婦は私のキャリア」ととらえ、「ミッションとして家事育児を全力でやり切る」と覚悟を決めました。あのときは（本音を言えば）、そうでもしないとプライドが保てなかったのだと思います。

そのあとは**メンタルトレーニング**です。嫉妬に心が持って行かれそうになったら、その時点でシャッターを下ろして、別のことに没頭しました。もちろん、うらやましい気持ちは消えません。でも、うらやましがっているだけでは何も得られない。うらやましいからといって、今から弁護士になる？　夫と離婚して駐在妻をやめて働く？　いや、今の私にはそれはできないし、選びたくない。となると、嫉妬も羨望も私にはムダで生産性がない、と気づきます。やっぱり最後は、冷静に限界と価値観と向き合って納得するのです。

10分間だけ「かわいそうパーティー」

それでもどうしようもなく心が揺れてしまうこともありますよね。そんなときは、**10分間だけ「かわいそうパーティー」をする。**10分というタイムリミットがポイントです。

泣いてもわめいてもいい。他人のせいにしてもいい。その10分間は、自分に何でも許してしまう。でも、時間が来たら、「以上、終わり！」。引きずらない方法です。私も何回か、これで救われました（笑）。おすすめですよ！

大嫌いな運動をやった日は「私は最強」

嫉妬心というものは他者との比較のなかで生まれます。特に、幼少期から受けてきた横並び教育のなかでは、他者と自分を比較することによって自分の自信を得る人が少なくないように思います。例えば「私は、彼女より〇〇があるから大丈夫」とか。

でも、**他者との比較で得られる自信は、簡単に奪われてしまう**んですよね。だって他者が変われば状況は一変するし、自分にないものを持っている他者は数え切れないほどいる。いつまでたっても満足が得られません。だから、最大の敵は自分なんです。私も日々、自分自身と闘っています。自分なりに自分に勝つ方法を見つけてからは、気持ちのコントロールは格段にしやすくなりました。

私は、**すべての活動のなかで一番、運動が嫌い**です。積極的にしたいと思ったことはありません。できるなら、したくない。でも、仕事終わりに寸暇を惜しんでジムに通い、**大嫌いな運動を1時間やると、それだけで自分に勝った、と思えるん**です。

例えばある日、ジムに行く日なのにウェアを忘れて出社してしまいました。その日は雨で、気持ちもどんより。仕事中も「このまま帰りたいなぁ、行きたくないなぁ」と思いながら過ごしました。でも、このまま帰ったら……自分で自分を敗北させてしまう。そこで、いやいや自宅にウェアを取りに帰ってジムに向かい、いつものプログラムレッスンを受けました。

すると、どうでしょう。**ジムから帰るときはとてつもなくすがすがしく、「最強の私」になれているん**です。翌日は大きなプレゼン会議があったのですが、朝、会議室に入ったときに感じる無敵感。自分をコントロールして頭がすっきりしたこの私が負ける気がしない（笑）。大げさに思うかもしれませんが、それくらい、自信がみなぎっているわけです。

専業主婦時代は、嫌いな家事ナンバー1のトイレ掃除を真っ先に終わらせていました。その時点で私は「最強の専業主婦」になり、家事がとてもスムーズにはかどるんです。

小さなことでもいいから、自分が嫌いなことや苦手なことに挑戦してやり抜く。誰にも左右されず、たった一人でできる、自信を高めるシンプルな方法、おすすめです。

再就職後に数々の失敗
それが学びになった

この道こそ行くべき道と思って歩き始めても、あっちにぶつかったりこっちにぶつかったり。思い通りに進まないことはありますよね。私も日々、「これでいける！」と思ったのに、想定していた結果が出なくて落ち込むこともあります。

でもそれは、何かを学べる絶好の機会です。なぜなら、経験からしか学べないことって、本当にたくさんあるから。特に、**失敗は最大の学びにつながります。**

私は、失敗しても落ち込んだまま過ごさないようにしています。「よし、今度はこうすればいいんだな」と、次の手を考える。日常のささいな失敗も、学びと決断のいい材料になります。

あれは、ホテルで働き始めて1年が過ぎようとしていたときのこと。私は契約更新のタイミングで、給料アップを要求しました。1年目にかなりの実績を上げることができていたし、転職して時給制から月給制になり、今度は収入アップを目標にしていたからです。ところが、直属の上司への交渉はうまくいかず、難航。おまけに、納得のいかない逆提案を受けたのです。

そこで私は、入社のときに面談で何度も話をし、親しくなっていた総支配人に相談。ところが、それに、直属の上司はいい顔をしなかった。完全に敵に回してしまったのです。結局、金額うんぬんが問題なのではないんですよね。改めて考えると、直属の上司からしたら、自分を差し置いて上の役職の人と直接やり取りするなんて、いい気持ちはしません。もう少し上司を立ててもよかったのに、私は希望を通すために強行してしまった。結果的にそれしか方法はなかったのかもしれないけれど、自分の考えを押し通すときには、どんなハレーションが起きるのか、それを分かった上で行動すべきなんだということを学びました。**経験して改めて気づくことって、たくさんありますよね。**

今の私は、マカオにある会社のオーナーと交渉する毎日です。今のところうまくいっているのは、真正面からぶつかって突破する昔のやり方では、まとまるものもまとまらなくなることを、実感をもって学んだからです。

たとえ難しいむちゃくちゃな要求をオーナーに出されても、「できません」と突っぱねることなく、「一度お預かりしますね」とその場は収めます。その後、「検討した結果、とってもいいアイデアなんですが、日本の法律上ちょっと難しいかもしれませんねえ」などと話を進めていきます。経験から学ぶことの大切さ、身をもって感じる日々です。

ボランティアがサードプレイスになった

現状をなんとか変えようと思っても、自分の限界とぶつかって思うように大きな決断ができないとき、その先に進めないとき、動く方向を変えてみるというのも一つの手です。

私の場合は、**本業以外のことに挑戦することで、第3の居場所（サードプレイス）を見つけ、その場所での経験がその後の人生を生きる武器となりました。**

専業主婦時代は、PTA活動に率先して取り組みました。バンコクでは会長職を2年務めることになりました。活動はとても忙しかったけれど、一つの組織に入って同じ目的のもとにメンバーと一緒に動くという経験は、専業主婦だった私には得がたいものでした。また、この経験が、その後ビジネスの場で人間関係をつくっていくときに役立ったことはいうまでもありません。

このPTA活動への参加がきっかけで、私のネットワークは広がりました。あとで分かったことですが、PTA会長時代に学校側と交渉を重ねたことで、私の存在が校長先生や事務方の皆さんの記憶に刻まれ、再就職の第一歩、学校のカフェテリアの仕事に結びついたのです。

日本に帰国し会員制クラブで仕事をしているとき、ANAインターコンチネンタルホテル東京で働かないかと声をかけてくれたのも、バンコクでの私の仕事ぶりを知る知り合いでした。もとをたどればこれもPTA活動が発端。どこでどうつながるか分からない、面白いものですね。

ホテル勤務の経験の全くなかった私がホテルで宿泊セールスの仕事をするようになって2年目、**人脈を広げたくて在日米国商工会議所（ACCJ）の仕事をボランティアで始めました。**それまでは、総支配人が会社の代表としてACCJに参加していましたが、何より総支配人は多忙で、他のみんなもボランティア仕事はやりたがらない。そこで、私が引き受けたのです。ACCJのメンバーは、日本でビジネス展開する名だたる米国企業のトップや役員クラスばかり。そんななか、一人だけ無名の私がいるわけです。背伸びをせず、今の自分にできることをやろうと、誰もやる人がいなかった観光委員会の委員長を引き受けました。

ボランティアとはいえ、しっかり実績を出したかったので、精力的に動きました。業界研究の一環として、民泊仲介の「Airbnb」や口コミ旅行予約サイト「トリップアドバイザー」など、話題の企業関係者を招いてのイベントも開催しました。正直、細かな雑務も多く、とても大変でしたが、委員長を引き受けたことで、会員企業のトップや役員クラスと知り合うことになりました。その縁でホテルを利用してもらうことも増え、**仕事とは別の場所で築いた人間関係が、本業で生きてきたんです。**

今は、自分がつくったサードプレイスを大切にしています。講演やセミナーに招かれたときも、私は、せっかく出会えたのだから、講師と聴講者というその場だけの関係で終わらせたくないんです。例えば、イベント後のネットワーキングには必ず参加します。SNSにDMが届くこともしょっちゅうですが、寄せられるメッセージは丁寧に読み、遅れても返事を書く。議論に参加する。

私自身がこれまで多くの方からチャンスを与えてもらってきたから、今度はできる限りお返ししたいのです。私にかかわった人には、自分の可能性に気づいてほしいし、今の自分に納得できていなくても、今から変えられることに気づいてほしいなと思うんです。

背中を押してくれるメンターとの出会い

人生のなかで、いいメンターに恵まれることほど幸せなことはないかもしれません。

私のメンターは、ある有名な企業のCEOでした。ホテル勤務の傍ら参加していたACCJで出会ったのは、日本でビジネス展開をしているそうそうたる企業のトップや役員クラスの人たち。もちろん、営業2年目のぺーぺーで無名の私になんて誰も興味を示しません。でも、観光委員会の委員長に立候補し、プロジェクトを企画して、忙しい他の会員に代わって実務を一手に引き受け駆けずり回っているうちに、なんとなく空気が変わってきました。

各社の幹部を務めている他のメンバーは超多忙。会合やイベントに顔を出すことはできても、実務までやっていられない状況です。そんななか「どうやらシンシアに頼めば、物事が動くぞ」という噂が広まったのです。

そしてある日、会合が始まる前の雑談時間に、「どうしてこの仕事をやっているの?」と声をかけてくれたのが、そのCEOでした。「17年間専業主婦をやっていたんでしょ、それはすごいな」という話になり、ひとしきり私の話を聞いたあと、その人は言ったのです。「あなたはもっと他にもできることがあるんじゃないか。同じ組織の中にずっといるより、2〜3年で転職して、いろいろな経験を積むといいよ」と。

「一つの会社にいるよりも、動いたほうが自分の価値を上げることができる」という気づき。このアドバイスがあったから、私はその後転職を繰り返し、小さなゴールをクリアし続けながら、今の自分にたどり着くことができたのだと思っています。

メンターにとって「使いやすい」人になる

「どうやったら、私は、メンターに出会えますか？」「見つけ方があれば教えてください」という質問もよく寄せられます。

前述したメンターが私に目をとめ声をかけてくれたのは、**私が忙しいメンバーに代わって実務を引き受けていたから**です。イベントのときは、いつも黒子として一生懸命、実務を回してくれている人、そんな印象を持ってもらえていたのではないかと思います。

ただ、決してそれを最初から狙ったわけではありません。でも、結果的には、**肩書きのない私が、手持ちのもので何ができるのかを周りに示すきっかけにはなった**と思っています。

もう一人、商工会議所で出会ったあるホテルの総支配人も、私の大切なメンターの一人です。

この人は、イベントなどに登壇するととても集客力がある、影響力の強い人でした。商工会議所の委員会でも、私が音頭をとるとメンバーはなかなか集まりませんが、この総支配人が参加すると出席者が倍増する。そこで私は、この総支配人に、「細かい実務はすべて私がやりますから、このプロジェクトの代表に名前を連ねてくれませんか。当日来て、皆さんにお話だけしていただければ」とお願いしました。プロジェクトを成功させたかったからです。

プロジェクトの実務はすべて私が仕切りました。一方、華々しい席では総支配人に登壇してもらい、プロジェクトの成功は彼の実績にしてもらいました。「私のメンター」をいかにかっこよく見せるかに心を砕いたのです。その結果、メンターの評価は高まり、それに合わせて私の評価も上がりました。

ここで学んだのは、**メンターになってほしいと望むなら、自分自身が何かしらのベネフィットをメンターに与える存在になる必要があること。**

私の場合は実務能力でしたが、提供するものは何でもいいと思います。例えば、情報感度が高くて発想が面白ければ、あなたはメンターにとって、重要な情報源となるかもしれません。実は、私のことをメンターのように慕ってくれる20～30代の人たちとつながり続けているのは、彼・彼女たちの話が、私にとって刺激的で学びになるからです。

私がホテルでやりたいと思っていることの一つに、ホテルをベースにしたコミュニティづくりがあります。参加者が自由にネットワーキングできるような環境をつくり、そのなかで世代を超えたつながりが広がって、メンターと出会える。そんな場がつくれたらいいなとワクワクしています。

うつになるほど悩んだ「離婚」どう決断したのか

決断までのスピードが速い私ですが、離婚だけは違いました。**考え始めてから、実際に離婚するまで、8年の歳月が流れました。**

バンコクの学校のカフェテリアで働き始め、カフェテリア全体のプロデュースやマネジメントを任されるようになった頃、実はプライベートでは悩みの中にいました。

夫がニューヨークに転勤になったのに、私はバンコクに一人残って仕事を続けていたからです。仕事はとにかく面白かったのですが、自分がバンコクに残る決断をしたことで、**「私たちはもしかしたらうまくいっていないのかもしれない」という気づきが生まれた**のです。

どうやったらこの結婚をうまくいかせることができるのだろう——と、考えて考えて出した答えは、私がカフェテリアの仕事を辞めて夫のいるニューヨークへ行くことでした。

いろいろな選択肢を並べて一つを選び、アクションを起こしたわけです。ニューヨークで一緒に暮らしてもダメだったら、離婚するしかないのかもしれない、という仮説とともに。そしてニューヨークに渡りましたが、結局うまくいきませんでした。

大きな理由は、価値観の相違です。彼は30年間海外を転々としながら必死で働いてきて、「早期退職して旅行に行きたい」「趣味を充実させたい」という希望がありました。一方、再就職して仕事の面白さを感じていた私は、仕事がしたい。価値観が全然違うんです。私は、彼の希望にすべてこたえられない。このまま結婚生活を続けるのは、双方にとって無理があるような気がしました。

でも、**なかなか踏み切れませんでした。一つには、私さえ我慢すればなんとかなるかもしれないという思いがあったから**です。30年も一緒に過ごした大切な家族だし、傷つけられたわけじゃない。彼の気持ちを考えると申し訳なさも募ってくる。そもそも仲が悪いわけでもない。ただ生き方が同じ方向を向いていないだけ。こんな理由で壊してしまっていいものなのかどうか。

そして、**もう一つは、離婚後の経済的な不安**でした。そうこうしているうちに、気持ちがふさぎ込んできて、このまま車にぶつかって死ねたらいいな、なんて考えている自分に気づき、精神科を受診しました。うつ症状だったのですが、うつになるほど苦しんでいた自分を目の当たりにして驚きました。

決め切れずにうつ状態に陥った私が動けるように

ドクターとの最初のセッションのとき、「私はあなたの善し悪しをジャッジするわけではない。部屋を出たら忘れるので、全部話したほうがいいですよ」と言われました。私は早くよくなりたくて、心に浮かんだことをすべて話しました。ネガティブな思いもすべて。

そこで**分かったことは、自分の中で「離婚する」という意思は固まっていること。それなのに決断できないのは、自分が一人で生活していけるのか、経済的な不安が大きいから**でした。自分の本心と真剣に向き合って初めて、そのことによ うやく気づいたのです。

どうしたらこの不安は解消されるのか?と思っていたら、ドクターがこう言いました。「あなたは専業主婦から社会復帰して、カフェテリアマネジメントで億単位の仕事を回せるようになった。ニューヨークで挑戦したレストランマネジメントコースのプレゼンでも高い評価を得た。それは、紛れもなく、あなたの実績。あなたは一人でもやっていけるんじゃない?」

ぐるぐるしている自分一人では気づくことのできなかった明確なフィードバックでした。この言葉に背中を押される形で、私はようやく、離婚に向けてかじを切る決心がついたのです。

その後、夫は先に帰国し、私も娘とともに日本へ帰国。ようやく見つけた時給1300円の電話受付の仕事で日本でのキャリアをスタートさせたのでした。それから日本で仕事の経験を積み、別居状態をしばらく続けて、正式に離婚したのは58歳のときです。

価値観を軸に決断して「円満離婚」

お金については、全くもめていません。二人でこれまでにためたお金はきっちり半分に。彼の退職金は、私が彼に帯同した年数分のうちの半分をもらいました。彼は親から相続している土地や財産があり、弁護士は私にももらえる権利があると助言してくれましたが、私はもらいませんでした。なぜならそれは、彼の両親がつくった財産だから。どんなときもフェアでありたい、という私の価値観による決断です。

これが、私がうつになるほど苦しんだ決断のプロセスです。私は精神科で受けたセッションのなかで、結論が分かっているのに決断ができない自分に気づくことができました。これは、**自分としっかり向き合わない限り、決断はできないということを示しているのだと思います。自分の弱さと向き合った結果、分かった**

ことです。

こうして、離婚という決断に納得がいった私は、元夫と**「円満離婚」をすることができました。それぞれが進む道を、お互いに応援し合って。**

彼はその後再婚しましたが、私はそれを聞いたとき、心の底からうれしいと感じました。大切な家族だった人のこれからの人生を、支えてくれる人ができたからです。そして、本心からそう思える自分に対して、私はそれくらいこの決断に納得しているんだなと、改めて強く実感することができたのです。

読者実践

「私の決断」#2

シンシアさんの言葉に気づきや勇気をもらった読者の体験談。人生を変えるような大きな決断をした人もいます。決断も、決め抜くまでのプロセスも人それぞれ。

離婚するかどうか、選択肢を出して行動してみたら…

● 選択肢の捨て方、最悪を想定して見極めるなど、再現性のある、この決断方法を参考にしています。**私は、「離婚をするかどうか」について悩んでいましたが、自分の価値観や幸福観を整理して、まず選択肢を並べてみました。**離婚に向けてキャリアデザインし、弁護士とやり取りしていると、次第に自分の未来を自分の手でつくっている実感が湧き、自分を信じられるように。**パートナーと対等な関係を意識しながら自分の考えを伝えてみたところ、心の底から対話することができ、関係再構築に向けて進めるようになってきました。**今は、自分と向き合うときに役立ったキャリアコンサルタントの知識と経験を使い、新たな活動に挑戦しようと動き出したところです。

（36歳、運輸、正社員）

子育てを終えたとき、成長し続ける自分でいたい

●私には9歳の一人娘がいます。最近、急に成長して、私が手伝わなくてもいろいろなことができるようになり、うれしさと同時にさみしさも感じています。二人目も欲しかったのですが、私はかないませんでした。ただ、**娘の成長を見守ることが私の人生のなかで一番幸せだということを、改めて実感しています。**仕事面では、自分が目標としていた仕事に携わることができ、ステップアップができる段階で充実しています。子育てを終えたとき、「空の巣症候群」にならず、**自分に向き合い、成長し続ける自分でいたい**と思っています。

（48歳、音楽関係、自営業）

再就職面接に落ちたけど、新しいスタートを切れた

●コロナ失業で、スーパーのレジ係の仕事を始めたシンシアさんの「今の自分ができること、自分が求められる仕事なら何でもやる！」という姿勢に、心が揺さぶられました。最近、出産後15年のブランクを経て、新しい仕事を始めました。実は、**数回面接に落ちた**んです。**気持ちを切り替えて次に挑めたのは、シンシアさんの言葉を思い出したから。**それがなければ、「やはり、50代の再就職は難しいのかな」とため息をつくだけでした。再スタート、頑張っていこうと思います。

（54歳、建築、契約社員）

パートから異動、転職し、キャリアアップ

● 営業の支店でパートとして働きながら、シンシアさんのように一つひとつの仕事に真剣に取り組み、自分から改善案なども積極的に出しました。すると、**コロナ禍で経営不振が続くなか、本社への異動がかなったん**です。実はコロナ禍による収入ダウンを見越して、独学でキャリアコンサルタントの国家資格も取得していました。その資格や支店での仕事の経験をもとに転職活動をし、行政の若者・女性再就職支援センターで働くことになりました。**自分の持っている経験とこれまでの実績を改めて客観視し、自分を評価してくれる新しい場所に、思い切って飛び込んでみよう**と思います。

(49歳、人材、契約社員)

年を重ねても、自分らしくしていい

● 日経xwomanのインタビュー記事を読んで、シンシアさんの「年齢に関係なく友達はできる」という視点は新鮮で刺激をもらいました。私の中で「年齢を重ねる=しっかりしないといけない、立派にならないといけない」というイメージがあったのですが、**気負わず、もっと自分らしくいていいんだと思えるようになり、年を重ねることが楽しみに**なりました。

(36歳、人材開発、自営業)

円満離婚、再就職
「自分の限界を過小評価していた」

●現在、45歳。小学生と中学生の子どもがいます。シンシアさんのインタビュー記事を何年も大事に保管して、時々読み返してはお手本にしてきました。子どもの教育に全力投球しながら、PTAの会長を務め、家庭の外でも経験を積みました。そして、専業主婦を経て、11年ぶりに仕事を再開したのです。子どもにまだ手がかかるので、もちろん動きに制約もかかります。シンシアさんのように華麗に羽ばたくことは、まだできません。ただ、私の場合は、自分の限界を必要以上に低く見積もっていたことに気づきました。今は、自分の限界とも向き合いながら、新たなことにチャレンジできるようになりました。円満離婚もしました。今は、自分のお気に入りのマンションを手に入れるために収入アップの方法を考えています。今後を見据えて、転職活動も始めました。納得がいく人生を送るために、自分の力で動いてみたいと思っています。

（45歳、公務員、パート）

第5章

40代からできる、自己ブランディング

あなたはどんな人？どんなふうに見られている？

あなたの大切にしているものは何ですか？
どんな価値観を持っていますか？
あなたの強みと弱みは？
あなたの今の限界は？

本書の中で、私はいつも自分に向けてしてしているたくさんの問いかけを読者の皆さんにもしてきました。向き合うという作業が、自分の人生を自分で前に進めるために、何よりも大切だからです。

その上で、情報を集め、自分が周囲にとってどんな存在であり、どれほどの市場価値があるかを認識し、そこで何ができるのかを客観的に判断し、自分軸に照らし合わせてやるべきことを選び取っていく。人生の手綱を握るというのは、そういうことじゃないかと私は思っています。

つまり、**「自分がどんな人か（＝コンテンツ）」だけでなく、「どんな存在であると周りから見られているか（＝ブランド、パッケージ）」も、人生を動かしていく重要な要素**になるということ。

そのせいでしょうか。今、「セルフ・ブランディング」の講座やセミナーはどこでも大盛況ですね。もちろん、語れるコンテンツがあるのが前提ですが、パッケージもやっぱり無視できないよね、と考えている人が増えているということなのでしょう。

しかも、SNS時代にあっては、外見や持ち物、行動といったリアルな世界のパッケージだけでなく、SNS上での振る舞いや発信内容なども、「私」というブランドの構成要素になるんだと実感しています。

この最終章では人生後半からでもできるセルフ・ブランディングをテーマにしました。タイトルには「40代からできる」とありますが、20代の人にも、60代の人にも活用してもらえるエッセンスを詰めました。

「これから」の人生を、自分自身の手でかじ取りしたいと思うすべての人にお届けします。

一人で生きていくお金　年金8万円で足りる暮らし

お金は人生に欠かせませんよね。お金に対する態度、お金の使い方、金銭感覚、お金にどのくらいのプライオリティーを置くのか。これらは、その人らしさや生き方に直結します。

私はもともと物欲があまりなく、お金のかかる趣味もない。お金がそんなに必要なタイプではありません。でも、**人生100年時代といわれる今、62歳の私でも、先はまだまだ長い。つい数年前にも、「私は果たして自分一人の収入でやっていけるのか」と、不安になったことがありました。**

仕事に夢中になっているときはいいんです。**不安が一気に募るのは、固定収入が途絶えたとき。**私は58歳のときに、ANAインターコンチネンタルホテル東京を辞めて、シャングリ・ラ 東京に転職しましたが、辞めた時点では次の仕事が何も決まっていなかったんです。

「このまま、もし仕事が決まらなかったら無収入になる。どのくらいの期間、どうやって生活していけるだろうか」とじわじわと不安に襲われました。そこで、改めて、今の**月々の生活費くらいは把握しておいたほうがいいな、**と思ったのです。

専業主婦時代から毎月の収支は把握していました。でも、家族がいると使途不明金や変動もあり、自分一人がどれだけのお金を必要としているのかまでは分かりませんでした。そこで今回は、**毎月の固定費を1円単位まで足しあげて計算し**

てみました。すると、想像以上に少なくてびっくり……。生活費が思った以上にかかっていなかったんです。

住まいにはあまりお金をかけていません。最寄り駅の電車に乗るまで自宅から20分ほどかかる、都内の築20年の北向きの古いマンションに住んでいるため、金額をかなり抑えることができています。秋冬はとても寒くて、家の中で薄いダウンジャケットを着ていますが、これも納得の上！　窓からの景色がとてもよくてお気に入りの部屋なのです。

他にも、例えば、光熱費や水道代、スマホ関係なら、まとめて月に約2万円、NHKの受信料とNetflixが約2200円、美容院代は約5500円。そして、週1回のハリ治療2万2000円。私の中で一番の贅沢は、このハリ治療ですね。

食費は、職場近くのランチが毎日約1000円、週末のご褒美外食は高くても3000円程度、合計すると多い月でも6万円くらい。

洋服はほとんど買いません。今年買った服は全部ユニクロで、合計2万円弱。先日25年間愛用していたレインブーツがダメになり、イオンでアウトドア商品ブランドの「コールマン」のブーツを見つけて5000円でゲット。そのとき夏用のバッグを衝動買いして3000円。今年一番高い買い物となった人気ブランド「オニツカタイガー」の赤いスニーカーが、1万5000円、「JINS」のメガネ1万4000円。これを月々にならすと、衣服費は、1カ月5000円程度になります。美容費も、私は高い化粧品を買っていないので、月に2000円程度です。

こうやって、かかったお金を足し上げていき、自分が今どれだけ生活にお金を使っているのか、最低限の生活費を把握したのです。

これに加えて、アメリカにいる娘に会いに行こうとしたり、贅沢な食事をしたり、旅行をしたりすると、お金はもっとかかるでしょう。でも、私は今の生活でも、好きなときにお気に入りの定食屋さんでごはんを食べられるし、毎週土曜日にはハリの先生のところへ通って自分メンテナンスをし、帰りにご褒美チョコレートケーキや台湾スイーツを食べることもできる。それだけでもとても贅沢なことだなと感じました。

自分はいくらあれば、大丈夫なのか

計算してからは、**老後の不安も減りました。ねんきん定期便によると、私の65歳の受け取り見込み金額は、8万1797円。**

年金額は少ないけど、専業主婦を選んだ結果だから、これは仕方がありません。

今、必要な最低限の生活費も、この年金だけでは足りない。でも、例えば昨年やっていたスーパーのレジ係のアルバイト（時給1200円）をやって、足りない分を補えば、生きていける金額だと分かりました。

よし、それならできるな。今の私は、まだまだできる。これが分かったときの解放感といったら、半端なかったです。年金8万円でも不安はないと言うと、皆さん驚かれますが、自分にかかる最低限のお金を把握しただけで、自由になれるんだなと実感しました。

ファッションはルールをつくって迷わない

ファッションに、どれだけ時間やエネルギーやお金を使うか。これは、その人の価値観によってさまざまです。

私は、前述したとおりほとんどお金を使いません。特に、ミニマリストを目指しているわけではないですし、エコロジカルな観点から買わないことを決めたわけでもありません。あるとき、クローゼットを見渡して、「十分服はあるから、もういらないな」と思っただけなんです。

ファッションに興味がなくなった、というのとはまた違うんです。ファッションを自己表現のひとつとして活用している人を見ると、身にまとうものがその人の魅力の一つになっている。「すてきだなぁ」と感心することもよくあります。

ただ、今の私は、「もう、服の力を借りなくてもいいかなあ」と思うようになりました。効率重視になった、というほうが正しいかもしれません。

パーソナルカラーレッスンを受けて「黒」に決めた！

振り返れば、こう考えるようになったきっかけは、ニューヨークに行ったとき、30代でパーソナルカラーの個人レッスンを受けたことです。そのとき「黒がとても似合う」と言われました。

それまでは、地味に見える気がしてほとんど黒は使ったことがなかったのですが、実際、着てみたら便利で（笑）。ベーシックな色は組み合わせを考えるのが楽です。確かに、周りを見たらニューヨークには黒をうまく着こなしている人がとても多かった。以来、**洋服は黒と決めました。**セミナーやイベント、テレビ出演やインタビュー取材でも、いつも着ているのは黒。だから今では、薄井シンシア＝黒い服の人、と思っている人もきっと多いと思います。

ニューヨークの人たちを観察して、他にも分かったことがあります。それは、アクセサリーの使い方がとても上手なこと。

外交官だった元夫と一緒に、私もレセプションに出席する機会がよくありました。毎回、王族みたいなアクセサリーを着けてくる人がたくさんいるなか、教育費と生活費でお金がないわが家には、そんなアクセサリーを買うお金はありません。とても同じステージでは闘えない。**もっと、私なりの上手なアクセサリーの使い方ができたらいいな、と思って情報を集めていた**んです。

そのなかで見つけたのがビンテージジュエリーの新聞記事です。1940年〜1960年ごろ、ヨーロッパから逃げてきたユダヤ人たちが優れた技術を用い、模造パールや非貴金属を使って作った芸術的なコスチュームジュエリー。これが当時の女性たちの間で流行したという内容でした。

私はこれに興味を引かれ、オークションハウスに行って実物を見て、ますます好きに。ハイブランドのコスチュームジュエリーもたくさん置いてありました。どれもすてきで欲しいなぁと思いましたが、やはり高い。ところが、のみの市に行くと、ジュエリーの本に出ているような質の高いものが、ひょっこり売られていたりするんです。そういう出合いもビンテージの楽しさ。本を読んでビンテージジュエリーの歴史を勉強しながら少しずつ買い足していきました。

でも、**高いものでも1万円しません。3000円のものもあれば、1000円で手に入れたものもたくさんあります。**

のみの市などで集めた、ビンテージのネックレス、ブローチ、イヤリング。1点ずつ100円ショップで購入したジップ付きの袋に入れて収納しています。形もデザインもさまざま！

このビンテージジュエリーとの出合いで、私は、本物の宝石に全く興味がなくなってしまいました。だって、ダイヤモンドのアクセサリーとかだとめちゃくちゃ高いでしょう。ジュエリーは確かにステイタスになります。でも、小さい本物のダイヤモンドを頑張って頑張って手に入れるより、**一つひとつにストーリーがある大ぶりデザインのコスチュームジュエリーなら、約1万円で会話のネタまでついてくる。自分を語れる武器にもなる。お得だと思いませんか。**

しかも、集めるうちに分かったのですが、服が黒だとアクセサリーが映えるんです。なんて合理的！ 3990円のユニクロのブラックワンピースに、大ぶりのコスチュームジュエリーをつけ合わせることもある。いつも私は、そんなスタイルで仕事をしています。

ホテルの営業時代によく着ていたセオリーの黒いワンピースにビンテージのブローチを合わせたコーディネート（真ん中）。数千円の日常使いのワンピースから、ビジネスシーンやレセプションで身に着けられるワンピースまで、TPOに合わせて使える黒のアイテムがワードローブに並んでいます。全部黒だから、探すのはちょっと大変（笑）

47歳からレーザーでシミ取り 資格より大事な見た目

シニア世代になっても、**自立してずっと働き続けたいと思うなら、「見た目」を維持する努力は絶対に必要**だと思います。でも、若さこそ価値だと言っているわけではありません。

例えば、専業主婦が再就職のために面接を受ける場合、見た目の印象がこざっぱりとしていて背筋がすっと伸び、現役感にあふれている人のほうが、そうでない人よりも採用される確率は断然高くなります。どれだけ立派な資格を持って臨んだ面接であっても、見るからに生活感がにじんでどこか緩んだ印象を与えてしまったら、「この人は、能力がさびついているのでは」と判断されてしまう。

就職や転職の前に資格を取得する人もたくさんいますが、面接を突破して仕事を始めてからでもいいというのが私の持論です。それより**大事なのは、自分を労働市場に出す商品だと意識して、手に取ってもらいやすいパッケージを身にまとうこと。まさにセルフ・ブランディング**なんです。

60代の私がリアルな実感をもってお伝えしますが、放っておくと年齢とともにシミやたるみ、白髪などが増えていく人生後半において、見た目キープのためにある程度の時間とエネルギーを注ぐことは欠かせません。

●10年近く、定期的に通った美容レーザー

私がラッキーだったのは、40代後半で美容レーザーに出合ったこと。

当時、私はバンコクにいたのですが、同じ駐在妻のなかにとても美容意識の高い人がいて、米国で勉強してきた腕のいいドクターのクリニックに通っていたんです。私は彼女に頼まれて通訳として同行するなかで、レーザー治療の効果を目の当たりにしました。施術後のダウンタイムは、顔を隠して過ごすほど炎症を起こした状態だったのに、次に会うときにはピカッときれいになっている。

それを周りの人たちが見逃すはずはなく、「あなた、何かやってるでしょ」と質問攻め。そして、みんながそのクリニックに通い出しました。私は引き続き通訳として駆り出されることが増え、どの人も（個人差はありましたが）、施術前よりきれいになっていくのを目撃してしまったんです。

一通り周囲が治療で変わっていくのを見て、私もやり始めたのが47歳のとき。始めてすぐに肌の色がワントーン明るくなったのを感じました。肌が整うとそれだけで自信がついてきました。

バンコクを離れ、日本に帰国してからもコロナで渡航が厳しくなるまでは、レーザー治療のために1年に1回バンコクに通っていました。それだけ信頼しているドクターだったので。62歳の今も、大きなしわやたるみと無縁でいられるのは、47歳から始めたレーザー治療のおかげだと思います。費用は、1回の施術で10万円。当時はバンコクまで行っていたので、航空代やホテル代がかさみました。今は目下、都内の美容皮膚科のいいクリニックを探しているところ。

普段の美容費にはあまりお金をかけませんが、費用対効果を考えたときに必要だと思ったら、大きなお金の投資は惜しみません。これからも長く仕事を続けたい私は、必要経費だと思って、できる限り見た目の維持に取り組みたいと思っています。

運動を始めたきっかけは更年期だった

運動が苦手で大っ嫌いというお話は前述しました。そんな**私が、いやいや運動を始めたきっかけは、更年期による体の不調です。**

突然、生理が来なくなり、偏頭痛が始まって、不整脈や激しい動悸《どうき》も。初めはそれが更年期によるものだと分からず、見当外れの治療を受け続けてとても苦しかった。でも、原因が分かって治療法を変え、生活習慣を見直して、運動を始めたんです。そうしたら、嘘のように元気になったんです。

あれ以来、「もしこの運動をやめたら、またあの不調のときの苦しさに襲われるかもしれない」という思いがモチベーションになり、運動が習慣になっていきました。

運動メニューは、年齢とともに変えました。体の変化のニーズに迫られて、です。40代は、マシンエクササイズとエアロビクスなどの有酸素運動が中心。汗をかくだけでも体形を維持できていました。しかし、帰国した52歳ごろから、運動量は変えていないのに、体重が次第に増えてきました。そこで、有酸素運動に筋トレをプラス。50代の後半になると、体のあちこちが硬くなって腰痛が出てきてしまった。それで、インストラクターに相談して、ヨガを取り入れてストレッチを念入りに行うようになりました。

●年齢が上がるにつれてメニューが増える

こうして年齢が上がるのに比例して、やることがどんどんプラスされ、メンテナンスに時間がかかるようになっていったんです。

60歳前後になると、なんでもない段差で転んでしまうことが増え、自分の歩幅が小さくなってきたことに気づきました。だから今は、階段を上るときには、できる限り1段飛ばしにするようにしています。

でも、社長になってからは仕事が忙しくなり、これ以上メンテナンス時間を増やすのは難しくなりました。そこで、有酸素運動は日常生活のなかでウォーキングを意識して補うことにしました。だから、結構歩いています！　自宅から駅まで20分あるので、通勤もいい運動になるんです。コロナ禍ではジムに通いづらいので、ヨガマットを買ってきて、自分でヨガとストレッチだけは欠かさないようにしています。

一方で、腰痛とは長い付き合いになってしまいました。ストレッチを習っている先生に1年半教えてもらったのですが効果が出ないので、昨年からはハリに通うようになりました。週1回、45分間の施術ですが、少しずつ効果を感じられるので、通い続けています。

運動は時間がかかるし、面倒です。でも、体力がないと、仕事はできない。だから、今の私にはマストなんですよね。

食事は2食
自分の価値観で楽になった習慣

健康づくりで大切にしなくてはいけないのは、運動、食事、睡眠といわれていますよね。私の場合、この3つのなかで**大切にしている優先順位は、①睡眠　②運動　③食事。**

睡眠は横になった途端にぐっすり深く眠ることができます。そして、朝は夜が明ける頃に、目覚まし時計なしにスッキリ自然に目が覚める。心地よく眠れているかどうかは私の健康のバロメーターにもなります。

どんなに忙しくても、毎日7〜8時間の睡眠は必ず確保します。「寝る子は育つ」といいますが、「寝るシニアも育つ」。私はまだまだたっぷり眠って成長していくつもりです（笑）。

運動は、本当はやらずに済ませたいのですが、太るのはイヤだし、腰痛が悪化するのも怖いので、やらざるをえないものです。嫌いなことをしっかりこなしている自分が好きなので、なんとか続いているのかもしれません。

食事に関しては、とにかく、プライオリティがかなり低い。専業主婦時代は、家族のためにこだわって作っていたけれど、一人になった今は、なんのこだわりもありません。美食家でもないし、食べなくても、そんなにつらくない。この前は、肉まんが夕食でした。

これはラッキーなことかもしれません。**コロナ禍で運動不足になったので、体**

重をコントロールするために少し前から1日2食にしました。仕事が終わって21時に夕食を取ったら、翌朝はコーヒーだけ。13時のランチまで何も食べません。毎日プチ断食をしている感じですが、体調はすごくいい。これまで、朝ごはんは健康のために食べなくてはいけない、と思い込んでいたのですが、どうやら今の私には不要だったようです。

昼食は、近所の定食屋さんのAランチ。もちろん、栄養のバランスが取れている定食なのかどうかは、試しに食べてみて確認しました。「よし、これなら大丈夫」と思ってからは、私は週5日間、同じものを食べています。

同じものを食べていても、私は飽きることがないんです。昼食に何を食べるかを決めるのに時間と労力をかけたり、お店を探してさまよい歩いたりするほうが好きじゃない。だから、毎日何を食べるかで迷わないように、ルーティーンにしました。

食べるということは、私にとって生きるための行為であって、シャワーを浴びるのと同じなんです。でも、「私はそれは嫌だわ」っていう人もいますよね。毎日の食事が生きる楽しみの人もいるし、私のように栄養補給ができればいいという人もいる。これも、価値観ですね。

幸い私は今、一人暮らし。**自分の価値観で生活を整えていくと、どんどん楽になっている**なと思います。

60代でも20代の友達はつくれる

最近、20〜40代の人から直接連絡をもらうことが増えてきました。私は自分とかかわった人には、自分の可能性に気づいてほしいし、自分の人生の手綱を握ってほしい、と常々思っています。お節介かもしれないけれど……。

だから、講演会やセミナーに参加してくれた人とはできる限りコンタクトを取り続けるようにしています。アフターフォローは欠かさず、SNSのメッセージには必ず返事を送る。

もちろん、一つひとつお返事するには、結構、時間もかかります。でも、**さまざまな立場や世代、分野の違う人と交流することは、私自身にとって大きな学びになるん**です。仕事であれプライベートであれ、対話をすることで、思いもよらなかったアイデアが生まれたり、新しい仕事や活動につながったりしています。「私とは、全然価値観が違うんだね！」なんて、多様性を意識することもあります。娘の友達から直接、連絡が来ることもしばしば。娘が「うちのママ、面白いから話してみて」と紹介してくれているようです（笑）。

今の若い世代の人たちと話して強く感じるのは、真面目な人ほど、将来に不安を感じているということです。

でも、60代の私からすると、**今の日本では、失敗しようと思っても失敗しようがないい**んですよ。だって、日本は治安もよく、健康保険制度もある。日本の教育を受けて大人に成長した人が、一度選択を誤ったからといって、大転落して二度と自分の人生を取り戻せなくなる、なんてことはあまりない。

だから、「迷っているなら、とりあえずやってみては？」と常々、思っています。やらずに無難な選択をして後悔するより、迷いながらでも選んだ道に進んでみて、つまずいたらそこで軌道修正をすればいいと思うからです。

●「そんなこと、言われたの初めてです」

先日も、転職するかどうか悩んでいる20代の女性とランチをしたのですが、私は「とりあえず、転職してみたら？」とアドバイスしました。

「5年間、付き合っている彼と結婚すべきかどうか迷っている。自分の中で、5年後も一緒にいるイメージが実は湧いていなくて……」という人には、**「5年先なんて誰にも分からない。うまくいかなかったら別れればいいんだから、1度結**

婚してみれば」と伝えました。

2社から内定をもらって、どちらに行けばいいか分からなくて決められないという大学生には、**「どの会社に行っても一緒だよ。40年もずっと同じ会社に勤めるわけじゃないし。とりあえず、今、経験しておきたいほうにすれば」**と。

私はそのときに感じたこと、思ったことを伝えているだけですが、みんなハッとして「そっか！　そんなこと言われたのは、初めてです！」と目を見開く。もしかしたら普段、周囲からもらうアドバイス自体も真面目なものばかりで、もともと真面目な彼女たちは、どんどん真面目な世界に埋まって自分を見失ってしまっているのかもしれない、とさえ感じました。

「自分で決めることが大事。どちらを選んでも大丈夫」――こんなアドバイスをする人が、周りに一人ぐらいいたほうが、ラクになれるのかもしれません。

SNSを使いこなす発信もブランディング

ソーシャルメディア上で、あなたはどんな存在として周りから認識されたいですか?

発信が得意な人もいれば、得意じゃない人もいるでしょう。私も、自分自身のプライベートを発信するのは苦手です。でも、SNSは、**ビジネスに役立つツールとしてとても有効なので、使い分けています。**

発信するとき、自分の伝えたいことを見つけてもらうために、ハッシュタグを付けますよね。実はそのハッシュタグこそが、発信するメッセージやあなた自身の価値、あなたがどんな人であるかを周囲に端的に説明するツールなのです。

自分に的確なハッシュタグを付け、それに沿ったメッセージを発信し続けることは、今の時代のセルフ・ブランディングそのもの。

私がよく使うハッシュタグは、

#元専業主婦

#人生100年

発言内容によっては

#観光

#ホテル経営
#子育ては期間限定
#駐在妻
#シニア

などを使うこともあります。私が特に意識して使っているSNSの例を一つあげると、ビジネス関連の投稿を中心に使っているリンクトインです。

一時期、私は、**#観光**のハッシュタグを付けて、商工会議所のイベントの告知や観光ニュースをピックアップし、自分なりの解釈を加えた投稿など、観光にかかわる投稿だけをしていた時期があります。なぜなら当時は「観光のエキスパート」として見られたかったからです。海外のメディアから「日本の観光事情についてコメントをください」とオファーが来たこともありました。

また、「専業主婦17年」は私の基盤なので、**#元専業主婦**で、女性の再就職や社会進出についての投稿を集中して行っていた時期もあります。それによって「女性活躍支援」や「ダイバーシティ」などにかかわる人だと認識されました。

つまり、**SNSは、「自分が何を発信したいか」も大事ですが、それと同じくらい「自分をどう見てほしいか」を広くアピールできる場として活用することが大事なのです。**だから、SNS上での振る舞いや発信の内容、返信の仕方などすべてが、自分というブランドをつくっていく素材となります。

どうやって使い分けているのか？

SNSといってもさまざま。それぞれの特徴を生かして上手に使っていくことは、これからのセルフ・ブランディングのためには欠かせないと思っています。

私は、

フェイスブック↓　昔の友達との交流の場と仕事の交流の場（2アカウント）
リンクトイン　↓　プロフェッショナルな発信の場
ツイッター　↓　個人としての発信の場

と使い分けています。

気をつけていることは、投稿が自分の講演会や仕事の宣伝ばかりにならないようにすること。

宣伝ばかり続けて投稿していると、読んでいる人がしらける気がするからです。**宣伝は多くても全投稿の10％以内に抑えるようにし、それ以外は、誰かのためになる投稿を心がけています。**他の人の投稿にコメントを付ける場合でも、勢いで書かないようにしているんです。しっかり内容を読み込んで、その内容を受け止めたコメントを端的に書きます。

いずれにしても、かなりリテラシーが必要ですよね。だから、一つの投稿をするのに、今でもかなり時間をかけています。

私は、アカウントを取得してしばらくの間は、じっくり観察をしていました。著名人から身近な人まで、自分が気になる人をとにかくたくさんフォローし、その人たちがどんな投稿をしているのか、どんな投稿がいいと思ったのか、研究から始めたのです。**リンクトインで初めて投稿したのは、アカウントを取得して約2年たってから。これも、やってよかったことの一つ**です。これから始める人は、まずアカウントだけを取り、実際のやり取りを観察しながら、コミュニケーションのマナーやルールを学ぶ期間を設けるといいと思います。

おわりに　～これからの人生は、「幸せ」ではなく「満足」でいい～

最後まで読んでくださった皆さん、ありがとうございました。

この本は、

今、何かに迷っている人
人生にモヤモヤを感じている人
今の自分とこれまでの人生に納得感が持てない人

に、何か役立つヒントがあればと、これまでインタビューなどでも話したことのないエピソードも含めて、私が経験したこと、実践してきたことをなるべく細かくお伝えしました。

あなたがもし、今の自分に納得できていなかったとしても、大丈夫です。何歳であっても、結婚していてもしていなくても、仕事を持っていても持っていなくても、その人生は、いつだって変えられる。

少なくとも、**これからの人生については、「納得いく自分」で進むことができる。そのことに気づいてほしい、**と願ってこの本を書きました。

納得できる人生をつくる「決め抜く力」は、私自身、自分の弱さや限界と向き合って手に入れることができました。そして、この「決め抜く力」さえあれば、これからどんな状況になっても、自分らしくあり続けることができると思っています。

あなたにとっての幸せは、どんなときですか？

人によっては、人生で最も幸せな時期は既に過去のものだ、と感じる人もいるかもしれません。両親の愛に囲まれていた子ども時代、夢を追いかけることのできた学生時代、お互いがそこにいるだけで幸せだったパートナーとの時間、夢中で子育てに明け暮れたお母さんだった頃……。

私が人生で最も幸せだったのは、娘を育てた17年間です。今、持っているものを全部放り投げてもあのときに戻りたい、とさえ思うほど。私の幸せは過去にあって、もう二度とあんな幸せを手にすることはないと思っています。だとしたら、これからの人生はいったい何を目指せばいいのでしょうか。

その**答えを見つけるのに、私はずいぶん時間がかかってしまいました**。やっと見つけたのは、50歳を過ぎてからです。娘は巣立ち、夫と私の価値観が同じではなくなり、かといって一人で生きていく勇気もなくて、モヤモヤを抱えた私はうつ状態になってしまいました。

治療のために何回も受けた精神科のドクターとのセッションで、ドクターは私に聞きました。

「あなたは、いつになったら、十分なんですか?」

ドクターは、私が常に頑張って上を目指してきたことを見抜いていました。「なんでそんなに頑張っているの? どこまでやれば、達成感を持てると思う?」という質問に、改めて自分の人生を振り返った私はこう答えました。「長い間、専業主婦をやってきて、私はずっと肩身が狭かった。仕事と育児を両立できない自分のキャパの小ささを恥じてもいた。だから、完璧な家事と完璧な子育てをすることで自分のプライドを保ちたかった。バカにされないようにいつも気を張って、頑張り続けてきた。選んだ人生に納得して満足しているのに……」

そんな私にドクターはこう言いました。「あなたはいつも『よき明日』のために生きている。目の前で起こっている現実は、いつだって明日の予行演習のようだ」

この言葉が、私はなんだかとってもふに落ちたんです。毎日がリハーサル。確かにそうでした。私は、自分が達成したもの、手に入れることができたものを、自分で正当に評価できていなかったのです。ずっと先のことばかりを考えていた。

それからの私は変わりました。**もう、幸せは諦めた。**

そんなことを言うと、ぎょっとする人もいるかもしれませんが、**決して、人生を諦めたわけでもなく、幸せだった過去に引きずられているわけでもありません。「幸せ」だった過去は過去として受け止めて、これからは「満足」を目指して生**

きていけばいい、と本気で思えたからです。

自分の限界や弱さとともに、自分がやってきたことを自分が認めてあげる。そうすることで、それまでの自分にも十分に納得できたような気がします。だから、50歳を過ぎたあの時点から、私は人生をリスタートすることができました。

その後、日本へ帰国してからの私は、この本でお話ししてきた通りです。

私は今、とても満足した毎日を送っています。

この本を読んでくださった皆さんが、これからの人生を、自分の手で前に進めていくことを願って。

2021年9月末日

薄井シンシア

薄井シンシア

1959年、フィリピンの華僑の家に生まれる。国費留学生として東京外国語大学を卒業後、貿易会社に勤務し、日本人の外務省勤務の夫と結婚。その後、30歳で出産し、専業主婦に。5カ国で約20年間暮らす。娘の大学入学を機に、47歳で再就職。娘の母校のカフェテリアで「食堂のおばちゃん」から仕事を始め、日本に帰国後は、時給1300円の電話受付の仕事を経てANAインターコンチネンタルホテル東京に入社。3年で営業開発担当副支配人になり、シャングリ・ラ 東京に転職。2018年に日本コカ・コーラで東京2020オリンピック・パラリンピック大会のホスピタリティシニアマネジャーとなるが、新型コロナウイルス感染拡大によるオリンピック・パラリンピック延期で失業し、スーパーのレジ係をしながら転職活動。2021年春、外資系ホテルLOF Hotel Managementの日本社長に就任。著書は『専業主婦が就職するまでにやっておくべき8つのこと』『ハーバード、イェール、プリンストン大学に合格した娘は、どう育てられたか』(KADOKAWA)LinkedInの認定インフルエンサー。
Twitter @UsuiCynthia https://cynthiausui.work/

人生は、もっと、自分で決めていい

2021年10月25日　第1版第1刷発行

著者	薄井シンシア
発行者	南浦淳之
発行	日経BP
発売	日経BPマーケティング
	〒105-8308　東京都港区虎ノ門4-3-12
装丁	小口翔平 + 畑中茜(tobufune)
本文デザイン・制作	但野理香 + 小川絢子(ESTEM)
イラスト	つまようじ(京田クリエーション)
カバー・本文写真	鈴木愛子
執筆協力	平林理恵
校正	軽部香織
編集	長野洋子(日経xwoman編集部)
印刷・製本	図書印刷

ISBN 978-4-296-11073-5

本書に関するお問い合わせ、ご連絡は下記にて承ります。
https://nkbp.jp/booksQA

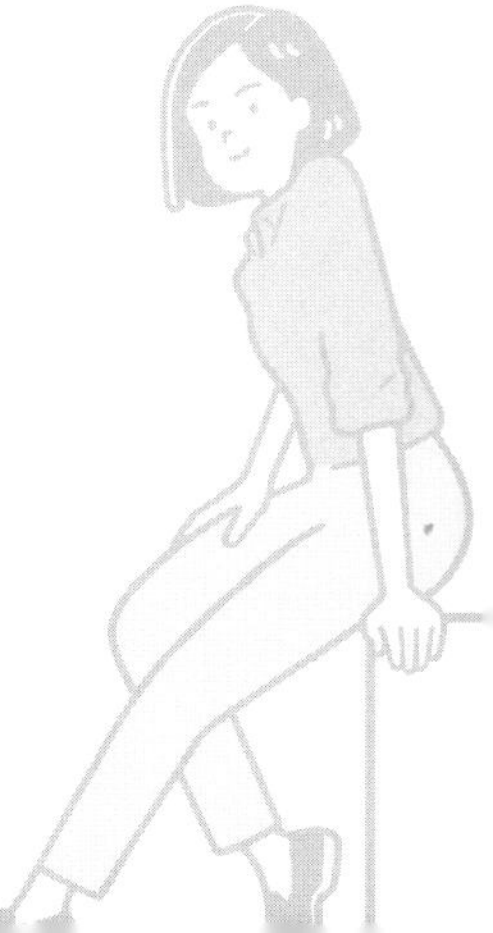